„Trotz seiner schweren Krankheit"

SIMON KUHLMANN

„Trotz seiner schweren Krankheit"

Die Welt aus der Sicht eines Blinden

Bibliografische Information der Deutschen Nationalbibliothek:
Die Deutsche Nationalbibliothek verzeichnet diese Publikation in
der Deutschen Nationalbibliografie; detaillierte bibliografische Daten
sind im Internet über dnb.dnb.de abrufbar.

Satz, Umschlaggestaltung, Herstellung und Verlag: BoD – Books on
Demand, Norderstedt
ISBN: 978-3-7557-9353-3

Als ich jetzt auf dem Weg zum Gleis bin, fällt mir wieder eine Begebenheit aus meiner Studentenzeit ein. Da ging ich, wie so oft zu der Zeit, mit dem weißen Stock durch den Dortmunder Hauptbahnhof. Plötzlich hörte ich die Stimme eines vielleicht achtjährigen Mädchens: »Guck mal Mama! Da ist ein Behinderter!« Es folgte eine Pause, in der ich das tadelnde Flüstern der Mutter erahnen konnte, dann sprach wieder das Mädchen in unveränderter Lautstärke: »Doch Mama! Das haben wir in der Schule gelernt! Das ist ein Behinderter!« Und was soll ich sagen: Gut aufgepasst Mädel. Blindheit gehört zu den Behinderungen, also bin ich ein Behinderter. Jetzt gibt es Leute, die sind der Meinung, dass man Behinderter nicht sagt, sondern behinderter Mensch oder Mensch mit Behinderung. Andere wollen sogar den Behinderungsbegriff komplett vermeiden. So spricht man in der Sonderpädagogik gerne von Schülerinnen und Schülern mit Förderbedarf. Muss jeder selber wissen, was er sagt oder nicht sagt, aber ich hab was gegen political correctness. Mich stört es jedenfalls nicht, wenn man von mir behauptet, ich sei ein Behinderter. Das Wort ist nämlich nicht das Problem, sondern, wie es gemeint ist, und wenn ein Kind lediglich wiedergibt, was es in der Schule gelernt hat, will es mich sicher nicht beleidigen.

Anders sieht es da schon aus – und so ist es während meiner Schulzeit einmal geschehen –, wenn ein Junge einem anderen zuruft: »Ey! Sven! Pass auf! Da ist ein Behinderter im Anmarsch!« Dieser Ausruf sollte mich treffen, hat er aber nicht, weil ich da drüberstand. Später im Job bei der rheinischen Stadt Königswinter kam dann eines Tages ein Bürger ins Büro und sagte zu meiner Kollegin: »Dat letzte Mal, wie isch hier war, hab isch mit so 'nem Behinderten jesprochen.« Weil meine Kollegin daraufhin gleich auf mich zeigte (»Da sitzt er doch.«), wandte sich der Herr nun direkt an mich und wir konnten sein Anliegen in einem beiderseitig freundlichen Gespräch klären. Fazit: Der Bürger hatte sich bzgl. meiner Behinderung nicht bewusst abfällig geäußert, sondern nur unbedacht.

Und was ist mit einer Formulierung wie »Seid ihr behindert!?«, die z. B. meiner Tante entfuhr, als mein Vater und ich mal mit einer affenartigen Geschwindigkeit auf dem Tandem an ihr vorbeigerast sind? Hier wird das Wort behindert ja als Synonym für verrückt oder blöd verwendet. Somit werden doch, wenn man sowas sagt, Behinderte beleidigt. Sie werden als verrückt / blöd hingestellt. – Ja, stimmt schon, aber da kann ich nicht so streng sein, erst recht nicht, weil solche Äußerungen auch von Leuten kommen, die definitiv nichts gegen Behinderte haben. Das ist halt Sprachgebrauch und den kann man künstlich nur schwer beeinflussen.

Was für behindert gilt, gilt übrigens auch für blind. Wir hatten in der Schule einen Bio- und Erdkundelehrer, der sprach immer von den Nicht-Sehenden, als ob das besser wäre. Im Zweifelsfall ist es sogar schlechter. Während blind einfach ein Adjektiv ist, ist nicht-sehend die Verneinung eines anderen, wodurch das Defizit der Blinden besonders betont wird. Aber es geht noch schlimmer: Mehr als einmal habe ich Sätze gehört wie »Der ist so wie Sie / hat dasselbe wie Sie«. Weil solche Formulierungen nur funktionieren, wenn das vermiedene Wort blind / Blindheit mitgedacht wird, ist doch nichts gewonnen.

Der Zug kommt und ich steige ein. Es ist ein mehrstöckiger Regionalexpress und ich gehe nach unten. Ich gehe, wenn möglich, immer nach unten, weil es da im Sommer kälter und im Winter wärmer ist. Der Zug ist recht leer und so finde ich schnell und ohne fremde Hilfe einen Platz. Vor Jahren – es war, glaube ich, im Advent, also zur Zeit des Weihnachtsmarkttourismus', eines Phänomens, das ich nicht wirklich verstehe. Auf jedem Weihnachtsmarkt kann ich Tinnef kaufen, etwas essen und, was für die meisten wohl das Wichtigste ist, Glühwein saufen. Wieso muss ich dafür extra in eine andere Stadt fahren? Aber ich schweife ab. – Vor Jahren also war es einmal extrem voll im Zug und daher freute es mich, dass mich ein Mitreisender zu einem Sitzplatz geleitete. Es handelte sich um einen dieser besonders gekennzeichneten Plätze, die für Behinderte freizuhalten oder freizumachen sind. Nun war ich nicht der Meinung, dass ich auf Grund meiner Behinderung zwingend einen Sitzanspruch hatte. Dennoch setzte ich mich. Sollte jemand einen berechtigten Anspruch auf den Behindertenplatz anmelden, konnte ich ja wieder aufstehen. So ein Jemand kam dann einige Zeit später in Gestalt einer unverkennbar rheinischen älteren Frau. Sie könne auf

Grund ihrer Gehbehinderung nicht lange stehen, sagte sie und bat mich daher, den Platz für sie freizumachen, was ich augenblicklich tat. Da ich jetzt »dumm« im Weg rumstand, hielt ich es allerdings für angebracht, meinen Blindenstock zu entfalten, um mich zu kennzeichnen. Als die Frau das sah, entschuldigte sie sich vielmals bei mir und bestand darauf, dass ich wieder platznahm. Ich betonte mehrfach, dass ich im Gegensatz zu ihr lange stehen könne, doch sie war nicht umzustimmen.

»Aber gute Frau«, versuchte ich es ein letztes Mal, »wenn ich mich wieder setze, haben Sie doch keinen Platz mehr und dabei können Sie doch nicht lange stehen.«

»Isch halt misch an Ihnen fest.« Und so geschah es dann auch. Ich setzte mich wieder hin und die gehbehinderte Frau stand und hielt sich während der gesamten Fahrt von Duisburg bis Köln, also etwa eine Stunde, an meinem Arm fest. Mir war das sehr peinlich, mussten doch alle, die die Vorgeschichte nicht mitbekommen hatten, denken, ich sei ein Arschloch, das für eine arme behinderte Frau nicht aufsteht.

Warum handelte die Frau so? Ich meine, Höflichkeit reicht wohl als Begründung nicht aus. Wenn ich jemandem aus Höflichkeit einen Platz anbiete und er wiederholt ablehnt, dann setze ich mich doch wieder hin, insgeheim froh darüber, weiterhin sitzen zu dürfen. Nein, hier war Mitleid im Spiel, aber auch Mitleid erklärt noch nicht, warum mir eine Person etwas anbietet, das sie selbst eindeutig nötiger hat als ich. Nur ist genau das der Punkt: In den Augen der Frau hatte ich den Platz sehr wohl nötiger, da meine Behinderung ihrer Meinung nach viel schlimmer war als ihre eigene. Das ist typisch. Viele Sehende gehen bei der Beurteilung, wie schlimm Blindheit ist, von sich selber aus. Sie denken: »Oh Gott, wenn ich jetzt von einer auf die andere Minute blind würde, dann könnte ich ja gar nichts mehr!« Das mag ja sein. Insofern können sie gerne Leute bemitleiden, die gerade von einer auf die andere Minute erblindet sind, doch ich kann von Geburt an nicht sehen. Ich kenne es nicht anders und habe gelernt, gut mit meiner Behinderung zu leben. Ich bin in der Lage, alleine zu wohnen, einer geregelten Arbeit nachzugehen und meine Freizeit recht erfüllend zu gestalten. Klar nervt es, bei bestimmten Dingen auf fremde Hilfe angewiesen zu sein, und ich fände es auch angenehm, wenn ich Auto fahren könnte, allerdings bin ich deshalb noch lange kein unglücklicher Mensch. Somit brauche ich auch kein Mitleid.

Oh Mann, und was für Mitleidsbekundungen habe ich nicht schon über mich ergehen lassen müssen! Ich glaube, es war auf einer Feier. Da sprach mich mal eine Frau an und sagte wörtlich: »Für solche Fälle hab ich immer Bonbons dabei.« Sie wisse, wie mir zumute sei, denn ihr 80-jähriger Schwager werde auch allmählich blind. Nun mag ich Süßigkeiten sehr gerne und so ließ ich mir die Bonbons gefallen. – Wobei: Waren das nicht Hustenbonbons? – Na jedenfalls war in einer Drogerie eine andere Frau in keinster Weise auf »solche Fälle« vorbereitet, weswegen sie kurzerhand nach den an der Kasse ausliegenden Parfümpröbchen griff und mir damit die Jackentaschen vollstopfte. Es ist nur so, dass ich, im Gegensatz zu Bonbons, mit Parfüm recht wenig anfangen kann. Ich benutze nämlich nur selten eines. Den Vogel hat aber der Mann abgeschossen, der durch das Programm einer Veranstaltung führte, bei der ich einen Kinderchor auf dem Klavier begleitete. Er kündigte mich wie folgt an: »Trotz seiner schweren Krankheit kann er heute hier sein.« Das klingt nach Krebs im Endstadium und nicht nach einer Augenerkrankung, mit der ich gut und lange leben kann. Ich bin nicht schwer krank, sondern nur blind!

Mit dem Mitleid verwandt ist übrigens die Bewunderung. Immer wieder höre ich den Satz »Ich bewundere Sie«. Aber ist ja klar: Wenn jemand davon ausgeht, dass er als Blinder völlig hilflos wäre, und dann auf eine blinde Person trifft, die in vielen Punkten selbstständig ist, ist das aus seiner Sicht natürlich bewundernswert. Dabei gibt es hier gar nichts zu bewundern. Ich bewundere ja auch niemanden, der ein Auto lenken kann. Schließlich hat er das gelernt, genau wie ich gelernt habe, mithilfe des weißen Stocks meinen Weg zu finden.

An der nächsten Station lässt sich eine Person auf den Sitz neben mir fallen. Alt oder jung? Mann oder Frau? Die leichte Parfümbrise, die mich erreicht, hilft mir bei der Beantwortung dieser Fragen jedenfalls nicht. Handelte es sich um eine junge Frau, könnte ich ein bisschen flirten. Andererseits: Wie sollte ich das machen? Ich würde gerne erst mal Blickkontakt aufnehmen, um abzuchecken, wie zugänglich sie ist, doch das kann ich ja nicht. Ich müsste sie also gleich ansprechen: »Fahren Sie auch mit diesem Zug?«, und dann hätte ich vielleicht ein Gespräch mit einer Person an der Backe, die ich total unsympathisch finde. – Ist es für mich als Blinden eigentlich schwerer, Frauen kennen zu lernen? Also vor Jahren hat mal ein Studienfreund zu mir gesagt: »Auch du wirst irgendwann eine Frau finden, aber du musst mit offenen Augen durchs Leben gehen.« Ihm war es sehr peinlich, als er merkte, was er da gesagt hatte. Ich fand es nur lustig. Eins steht jedenfalls fest, was Frauen angeht: Ich suche nicht in erster Linie eine Versorgerin. Schließlich verdiene ich mein eigenes Geld und alleine wohnen tue ich auch und nicht etwa bei den Eltern oder in einem Heim, wie manche glauben. Ich betone das so, weil mir die Aussage einer alten Frau wieder einfällt – das war übrigens witzig: Ich war blind und sie fast taub, so dass sie von meinen Lippen ablesen musste. – Diese alte Frau also sagte zu mir: »Wissen Sie, was ich Ihnen wünsche? Ich wünsche Ihnen, dass Sie eine nette Frau finden, die für Sie sorgen kann.« Diese Aussage war mir nicht neu. Ich hatte sie auch schon aus dem Mund meiner Oma mütterlicher-seits gehört, nur dass die noch hinzugefügt hatte: »Schön muss se ja nich sein.«

Ein Handy klingelt und der junge Mann neben mir geht ran. Also kein Flirt. Dann kann ich mich gedanklich ja langsam auf den nahenden Umstieg vorbereiten. Zuerst muss ich aus dem Zug herauskommen. Das ist grundsätz-lich überhaupt kein Problem, aber ich erinnere mich an ein Erlebnis, da stieg ich in Dortmund zusammen mit einem Mann ein, der mir gleich seine Hilfe bei der Platzsuche anbot. Bald saßen wir nebeneinander; er außen, ich innen.

»Bis wo fährst du?«, fragte er.

»Düren«, sagte ich.

»Dann kann ich dir beim Aussteigen helfen. Ich fahr nämlich bis Aachen.« Nun bot er mir eine Dose Bier an.

Ich lehnte ab, er genehmigte sich eine und schlief ein. Zwei Stunden später erreichten wir Düren und ich musste aussteigen. Wegen meines sperrigen Rucksacks konnte ich mich jedoch nicht einfach an meinem Nebenmann vorbeiquetschen. Ich machte mich also daran, ihn zu wecken, was mir allerdings erst gelang (»Ach sind wir schon in Düren?«), als der Zug schon wieder anrollte. Sehr ärgerlich, aber der Typ war wenigstens fair. Er hatte die Sache vermasselt, also stieg er mit mir an der nächsten Station aus und gemeinsam warteten wir auf den Gegenzug.

Wenn ich erst mal draußen bin, steht hoffentlich die bei der Bahn bestellte Umsteigehilfe bereit. Was ich damit schon alles erlebt habe, schrieb ich in einem Bericht, der in der Zeitschrift »Horus« veröffentlicht wurde.

Humor ist, wenn man trotzdem fährt – Erlebnisse mit Ein-, Aus- und Umsteigehilfe

Dortmund. In der S-Bahn spricht mich ein junger Mann an: »Wo musst du raus?«

»Hauptbahnhof«, sage ich.

»Dann helf ich dir.« Normalerweise bräuchte ich keine Hilfe, aber in letzter Zeit kommt die S1 öfter abweichend auf Gleis 2 an, einem abseits gelegenen Gleis, von dem aus ich es schwierig finde, zur Treppe zu gelangen. Insofern ist es beruhigend zu wissen, dass jemand da ist, der helfen kann. Am Hauptbahnhof hilft mir der junge Mann beim Aussteigen aus der Bahn, die tatsächlich auf Gleis 2 gehalten hat. Dann aber sagt er schnell und recht leise: »Im Namen des Herrn und Jesus Christus mache ich, dass du wieder sehen kannst, sobald du diesen Bahnhof verlässt«, und lässt mich stehen.

Damit ich als merkwürdigerweise immer noch blinder Mensch nicht auf solche Mitreisende angewiesen bin, organisiere ich vor Zugfahrten in der Regel Ein-, Aus- oder Umsteigehilfe entweder über die Mobilitätsservice-Zentrale (MSZ) oder bei der entsprechenden Bahnhofsmission. Die

Hilfe funktioniert dann manchmal gut, manchmal überhaupt nicht und manchmal irgendwie. In jedem Fall liefert sie Stoff für diverse Anekdoten:

Köln Hauptbahnhof. Die angeforderte Umsteigehilfe kommt mal wieder nicht, weswegen ich meinen Anschlusszug verpasse. Ich lasse mich von einem Passanten zum Reisezentrum bringen, wo ich mich beschwere und frage, wann der nächste Regionalzug nach Dortmund fährt.

»Erst in einer Stunde«, bekomme ich zur Antwort.

»Das ist mir zu spät. Ich habe einen Termin«, sage ich. Darauf reagiert man mit Bedauern und will mich mit einem kostenlosen Kaffee vertrösten, den ich trinken könne, während ich warte.

»Ich will keinen Kaffee. Ich will einen Zug«, erwidere ich unnachgiebig und erfahre, dass in Kürze sowohl ein IC als auch ein ICE einfahren, die in Dortmund halten.

»Dann nehm ich eben einen von denen, aber ohne zu bezahlen.« Und tatsächlich beordert man jemanden, der mich zum entsprechenden Bahnsteig führt und den Zugbegleiter des IC fragt, ob er bereit ist, mich kostenlos mitzunehmen. Er bejaht und ich kann einsteigen. Durch dieses Entgegenkommen erreiche ich Dortmund nur etwa eine halbe Stunde später als ursprünglich geplant und kann meinen Termin pünktlich wahrnehmen.

Nürnberg Hauptbahnhof. »Da kommt Ihr Zug«, sagt der Umsteigehelfer und will mich zum Gleis führen. Nun bin ich aber nur blind und nicht taub. Daher habe ich die vorausgegangene Lautsprecherdurchsage gehört und kann den Bahnbediensteten davon überzeugen, dass der Zug, der da kommt, noch nicht meiner ist.

Bei meiner Freundin zu Hause. Für die Rückfahrt von ihr habe ich über die MSZ Einstiegshilfe am Münchner Hauptbahnhof angefordert. Bei der Anforderung von Einstiegshilfe wird der Treffpunkt immer automatisch festgelegt. Im konkreten Fall ist es das Reisezentrum. Nun kenne ich mich aber im riesigen Münchner Hauptbahnhof nicht aus und weiß somit nicht, wo das Reisezentrum ist. Daher rufe ich einen Tag vor der Reise bei der zuständigen 3-S-Zentrale[1] an und frage, ob man mich nicht an der U-Bahn abholen kann, mit der ich ankomme. Nein, das gehe nicht, heißt es, weil die U-Bahn kein Produkt der Deutschen Bahn sei. Aha, denke ich. Dann kann ich ja froh sein, dass man mich auf der Hinfahrt überhaupt anstandslos vom ICE zur U-Bahn gebracht hat.

München Hauptbahnhof. Auf Grund des soeben geschilderten Problems mit der 3-S-Zentrale habe ich die Bahnhofsmission beauftragt, mich an der U-Bahn in Empfang zu nehmen und zum ICE zu bringen, aber es kommt niemand. Nach fünf Minuten rufe ich bei der Bahnhofsmission an und frage nach. Die Umsteigehilfe müsse eigentlich schon da sein, sagt man mir und verspricht, sich zu kümmern. Nachdem ich weitere fünf Minuten vergeblich gewartet habe, kriege ich langsam Panik und rufe erneut an. Man wundert sich sehr darüber, dass mir noch immer nicht geholfen wurde. Kurz darauf kommt dann endlich eine Frau mit afrikanischem Akzent. Jetzt muss es schnell gehen, denn uns bleibt nicht mehr viel Zeit und das Gleis, von dem mein ICE abfährt, ist gefühlte zehn Kilometer entfernt. Gott sei Dank fackelt die Afrikanerin nicht lang und rennt mit mir los.

---

1 3-S-Zentralen koordinieren u. a. die Umsteigehilfe vor Ort. Die drei S stehen für Service, Sicherheit und Sauberkeit.

Drei Minuten später sitze ich völlig außer Atem im Zug, der sich kurz darauf in Bewegung setzt. Der von mir reservierte Platz befindet sich zwar in einem anderen Wagen, aber das ist jetzt zweitrangig.

Frankfurt am Main Hauptbahnhof. Auch hier ist die Zeit knapp, weil der Zug, mit dem ich angekommen bin, Verspätung hat. Ich sage dem Bahnangestellten, der mich in Empfang nimmt, dass er jetzt keine falsche Rücksicht nehmen soll. Er versteht, rennt mit mir los und kurz darauf erreichen wir meinen Anschlusszug. Hier kann ich sogar in den richtigen Wagen einsteigen und mich auf meinen reservierten Platz setzen.

Bei mir zu Hause. Ich bekomme eine Mail von der MSZ, in der steht, dass man die von mir angeforderte Umsteigehilfe in Köln leider nicht gewähren könne, da die dortige Mindestumsteigezeit von zehn Minuten unterschritten werde. Das Problem kenne ich. Mein Bruder hatte es während seiner Studentenzeit regelmäßig, weswegen er schließlich bei der Kölner 3-S-Zentrale eine Ausnahmeregelung speziell für seine Person durchsetzen konnte. Mittlerweile, so habe ich gehört, gibt es für das Problem aber eine allgemeingültige Lösung. Das schreibe ich in meine Antwort an die MSZ und siehe da, kurz darauf bekomme ich eine Verzichtserklärung zugemailt, durch die die Deutsche Bahn AG in Fällen, in denen die Mindestumsteigezeit unterschritten wird, von der Haftung »für ein Anschlussversäumnis und eine dadurch verspätete Ankunft am Zielort« befreit wird. Um diese Verzichtserklärung zu akzeptieren, muss ich – wie überraschend unbürokratisch! – einfach auf die

entsprechende Mail antworten und dabei den Erklärungs-
text unverändert lassen, was ich sogleich tue. Seitdem gibt
es in der Tat beim Unterschreiten der Mindestumsteigezeit
keine Diskussionen mehr mit der MSZ.

Köln Hauptbahnhof. Von hier aus möchte ich weiter nach Düren (Autokennzeichen DN). Das weiß auch der fröhliche Bahn-
mitarbeiter, der mich am Gleis in Empfang nimmt: »Du wills
nach Doofnuss? Isch darf dat saren. Isch komm selbs daher.«

Essen Hauptbahnhof. Der Umsteigehelfer ist wohl froh,
in mir einen Gleichgesinnten gefunden zu haben. Er sei
auf Grund eines Unfalls auch schwerbehindert, erzählt er
im Ruhrpottslang. Bis vor kurzem habe er überhaupt nicht
laufen können, mittlerweile gehe es wieder. Ich höre ihm
geduldig zu und freue mich darüber, dass wir genug Zeit
haben. So können wir meinen Zug locker erreichen, auch
wenn wir in dem gemächlichen und im Zweifelsfall wohl
kaum steigerungsfähigen Tempo weitergehen, das mein
Begleiter vorgibt.

Bei meiner Freundin zu Hause. Eine Mitarbeiterin der MSZ
teilt ihr telefonisch mit, dass die für die Fahrt zu mir angeforderte Ausstiegshilfe in Siegburg / Bonn (was für ein
beknackter Name übrigens! Der Bahnhof befindet sich
eindeutig nur in Siegburg!) nicht geleistet werden könne.
Meine Freundin nimmt es hin, erzählt aber dem Siegburger
Bahnbediensteten davon, der ihr auf der Rückreise hilft.
Dieser meint, es war wohl so, dass die Dame, die meiner
Freundin auf der Hinfahrt hätte helfen müssen, zum fraglichen Zeitpunkt bereits Feierabend hatte. Sie hätte aber

sicher länger bleiben können, wenn meine Freundin auf der Hilfe bestanden hätte.

Marburg. Trotz der telefonischen Aussage, dass mir hier nicht geholfen werden könne, da andere sich überschneidende Aufträge vorlägen, spricht mich eine Bahnangestellte an und fragt, ob ich Hilfe brauche.

»Sie dürfen mir nicht helfen«, bemerke ich scherzhaft, aber sie sagt, dass der Zug mit der behinderten Person, auf die sie warte, fünf Minuten Verspätung habe, weswegen sie mir gerne helfen könne. Daraufhin hake ich mich bei ihr ein und sie bringt mich durch den pladdernden Regen zu einem Taxi.

München Hauptbahnhof. Ein sehr junger Mann von der Bahnhofsmission nimmt mich am ICE in Empfang, um mich zur U-Bahn zu bringen. Ich sage ihm, dass er mich dort bitte ganz hinten einsteigen lassen soll. Darum hat mich meine Freundin gebeten. Er verspricht es, fragt aber auf dem Weg noch dreimal nach: »Sie wollen vorn einsteigen, hatten Sie gesagt?«, und dreimal korrigiere ich ihn geduldig: »Nein, hinten.« Die U-Bahn kommt, ich steige ein und an der Zielstation kriege ich Schimpfe von meiner Freundin, weil ich ganz vorne eingestiegen bin.

Siegburg / Bonn. Meine Freundin hat hier Einstiegshilfe angefordert, die sie aber vor Ort absagt, da es sich ein Bekannter, der uns hergefahren hat, nicht nehmen lässt, sie mit mir zum Zug zu begleiten. Vorsichtshalber fragen wir im Reisezentrum nach, ob die Wagen in richtiger Reihenfolge fahren, was bejaht wird. Zwei Minuten später sind wir auf dem Bahnsteig und hören folgende Durchsage: »Bitte beachten Sie: Die Wagen verkehren heute in umgekehrter Reihung.« Na toll, also doch! Wo ist denn dann Wagen 26, in dem meine Freundin einen Platz reserviert hat? In der Lautsprecherdurchsage, die noch mehrmals wiederholt wird, gibt man nur an, in welchen Abschnitten die Wagen der ersten Klasse halten. Dann – der Zug hat schon Einfahrt und wir wissen immer noch nicht, wo wir uns am besten hinstellen sollen – kommt eine Durchsage extra für uns, in der die Position des Wagens 26 angegeben wird. Das nenn ich mal Service!

Heute klappt alles mit der Umsteigehilfe. Also zumindest steht jemand da. Der sagt mir aber, dass mein Anschlusszug zehn Minuten Verspätung hat. Das ärgert mich nicht wirklich, weil ich keinen festen Termin einhalten muss, doch selbst wenn, würde ich mich nicht am Bahnbashing beteiligen von wegen »die Bahn kommt immer zu spät«. Ich fahre nicht oft genug Zug, um beurteilen zu können, wie schlimm die Situation wirklich ist. Klar, wenn Verspätungen vermieden werden können, sollte man das tun, nur sollte man auch bedenken, was für eine logistische Herausforderung der Bahnverkehr ist. Da muss nur ein Rädchen aus unvorhersehbaren Gründen nicht richtig drehen und schon hat das Auswirkungen auf andere.

Jetzt sitze ich auf einer Bank auf dem Bahnsteig, wo mich der Umsteigehelfer vorübergehend geparkt hat, und habe Zeit, weiter über das Thema Hilfe nachzudenken.

»Würde es Ihnen etwas ausmachen, wenn ich Sie fragen würde, ob ich Ihnen helfen kann?« So sprach mich mal eine Frau an der Uni an. Warum so umständlich? Vielleicht hatte sie schlechte Erfahrungen gemacht. Es gibt Behinderte, die werden wütend, wenn man ihnen Hilfe anbietet, weil sie zu stolz sind oder mit ihrer Behinderung hadern und nicht als völlig hilflos abgestempelt werden wollen. Ich verurteile diese Wut. Die Leute, die mir Hilfe anbieten, tun das doch aus Freundlichkeit, also kann ich auch ebenso freundlich und dankend ablehnen, wenn ich die Hilfe nicht benötige. Ich möchte allerdings gefragt und nicht zum Beispiel einfach auf die andere Straßenseite gezerrt werden, obwohl ich da gar nicht hin will. Oder zumindest sollte die Hilfe vorher angekündigt werden. Es muss ja nicht gleich so spektakulär sein wie einmal in Dortmund. Da sprach mich in der S-Bahn ein angetrunkener Fußballfan an: »Wo musse raus?«

»Hauptbahnhof.«

»Dann helf ich dir. Und wenn dir einer dumm kommt, dann hau ich ihm eins in die Schnauze!«

Als Gegenpol zu der umständlichen Frage »Würde es Ihnen etwas ausmachen, wenn ich Sie fragen würde, ob ich Ihnen helfen kann?«, fällt mir übrigens die durch ihre Einfachheit bestechende Aussage eines ehemaligen portugiesischen Gastarbeiters ein, den ich hin und wieder auf der Straße treffe. Der sagt gerne mal: »Wenne brauche Helfe, musse helfe.« Man soll also denen helfen, die Hilfe brauchen. Und weiter führt er in seinem auch nach über 40 Jahren Aufenthalt in Deutschland immer noch sehr schlechtem Deutsch aus, dass diejenigen, die anderen helfen, von Gott dafür belohnt werden. Das klingt doch wunderbar, oder? Kaum zu glauben, dass ein Mensch mit solchen Ansichten bezogen auf Araber und Afrikaner sagt: »Alle wegschmeise.«

Mittlerweile ist der verspätete ICE eingefahren und auch mein Umsteigehelfer ist wieder da, um mich zum richtigen Wagen zu bringen. Im Wagen muss ich jetzt nicht einen Platz, sondern meinen Platz finden, denn ich habe reserviert. Angeblich gibt es irgendwo an den Sitzreihen Zahlen in Blindenschrift, aber die suche ich nicht, weil ich dann unter Umständen aus Versehen Leute an unmöglichen Stellen betatsche, was ich nicht will oder die Leute nicht. Ich muss also den Mund aufmachen und fragen. So war es auch an jenem Vormittag im Sommer oder Nachmittag im Winter oder was weiß denn ich, wann das war. Jedenfalls hatte ich schon beim Einsteigen eine junge Frau wahrgenommen, die Deutsch mit leichtem britischem Akzent sprach. Ich liebe sprachbegabte Frauen! Die half mir aber nicht, als ich meine Frage stellte, sondern ein Mann, und als wir fündig geworden waren, sagte er: »Es ist ein Fensterplatz.«

»Oh fein«, rief ich aus, »dann kann ich rausgucken!« Es folgte ein kurzes spitzes Lachen der Britin, dann war sie abrupt still und die Temperatur im Wagen stieg um ca. fünf Grad, was sicherlich daran lag, dass sie so stark errötete.

»Hey Baby«, hätte ich gerne beruhigend auf sie eingeredet, »wieso ist dir dein Lachen so peinlich? Ich habe einen Witz gemacht und du hast gelacht. Du magst also meinen Humor. Lass uns die ganze Fahrt quatschen und dann Telefonnummern austauschen und dann telefonieren und wiedertreffen und dann heiraten, Kinder kriegen und …«, aber ich wusste nicht genau, wo sie saß, und ich habe Hemmungen, mit Leuten ein Gespräch zu beginnen, deren Position im Raum ich nicht kenne.

Heute ist meine Sitznachbarin eine feine ältere Dame, die mich fragt, ob ich ganz alleine reise, was ich bejahe.

»Ich bewundere Sie.« Da war er wieder, dieser Satz. Ich erkläre ihr, dass und warum ich nicht bewundert werden möchte (zumindest nicht von ihr), und schon sind wir mitten in einem Gespräch über Blindheit und darüber, wie man mit ihr lebt. Mich nerven solche Unterhaltungen nicht, denn mir ist es lieber, die Leute fragen, als dass sie sich völlig falsche Vorstellungen machen.

Es dauert nicht lange und ich höre wieder mal die häufig gestellte Frage, ob ich einen Hund habe. Auch ein Freund von Anton, dem Sohn meines Vermieters, hat mich das schon gefragt. Ehe ich antworten konnte, sagte Anton mit seinen damals sechs oder sieben Jahren: »Der hat keinen Hund. Er hat niemanden.« Dass ich niemanden habe, ist Quatsch, aber einen Hund nenne ich tatsächlich nicht mein Eigen, weder einen normalen noch einen speziell ausge-bildeten Blindenführhund, den die meisten Fragesteller im Sinn haben. Und warum nicht? Ganz einfach: Weil ich keinen Bock habe, ein Tier zu versorgen. Da ist mein wei-ßer Stock eindeutig pflegeleichter. Der braucht nichts zu trinken und zu fressen und muss nur vor die Tür, wenn ich das ebenfalls muss oder will. Mit einem Hund hingegen muss man auch noch mal raus, wenn er sein Führgeschirr nicht trägt. Dann ist er Hund. Dann darf er's sein. Und was ist, wenn er mal krank wird? Das sind jedoch nicht die einzigen Gründe, warum für mich kein Führtier in Frage kommt (keineswegs eignen sich nur Hunde für diese Tä-tigkeit. So habe ich schon von Führponys gehört und es kursiert auch eine Meldung über einen Führpapagei, die ich allerdings für ein Gerücht halte). Ich mag die Vorstellung nicht, dass ein Tier für mich arbeiten muss. Von Quälerei möchte ich nicht sprechen, aber es macht doch nicht im-mer Spaß, einen Blinden durch die Gegend zu führen oder stundenlang dazuliegen, wenn der auf Arbeit ist oder einen Termin wahrnimmt.

Und dann ist da noch die Sache mit dem Vertrauen. Es

kann zwischen Blindem und Führhund nur funktionieren, wenn ersterer letzterem hundertprozentig vertraut, und das könnte ich nicht. Er kann noch so gut ausgebildet sein: Ein Hund bleibt ein Tier. Und mein Misstrauen wird zusätzlich geschürt, wenn ich etwa in der Mail einer Bekannten lese: »Mein Hund muss zur Nachschulung. Der läuft im Dienst anderen Hunden hinterher.« Und ich hörte von der blinden YouTuberin Ypsilon, dass sie sich dazu entschieden hat, ihre Hündin Mo nach recht kurzer Zeit wieder abzugeben, nachdem selbst der fernsehbekannte Hundetrainer Martin Rütter die vorhandenen Probleme nicht lösen konnte. Ein Grund für schlechtes Verhalten können übrigens die Führhundschulen sein, erklärte mir mal eine ehemalige Klassenkameradin. Es dürfe sich nämlich jeder Führhundausbilder nennen und unter denen gebe es eben auch Scharlatane. Die arbeiteten dann z. B. mit Schlägen und wenn der blinde Halter dann später nicht schlage, müsse man sich nicht wundern, dass die Disziplin nachlasse. Aber selbst wenn ich mir einen Hund anschaffen würde: Was brächte er mir denn? Gut, er könnte mich z. B. um Hindernisse herumführen oder auf Befehl eine Tür, einen Briefkasten oder eine Telefonzelle finden (wäre es nicht in der heutigen Zeit besser, wenn er ein verlegtes Handy wiederfinden könnte?), nur wie ich von A nach B komme, muss ich auch mit Hund selber wissen. Klar, wenn ich bestimmte Wege immer wieder gehe, wird er sie bald ebenfalls kennen und kann mich sicher zum Ziel führen, selbst wenn ich mal unkonzentriert bin, doch in fremder Umgebung wird er mich definitiv nur bei der Suche eines uns beiden unbekannten Weges unterstützen können. Aber wie schon gesagt: Ich hätte das nötige Vertrauen eh nicht. Da fühle ich mich mit weißem

Stock sicherer. Wie man mit dem umgeht, zeigen einem übrigens so genannte Orientierungs- und Mobilitätslehrer, umgangssprachlich Mobilitäts-, Mobi- oder Mobtrainer genannt, und von denen kriegt man auch die konkreten Wege beigebracht, die man so im Alltag braucht, also zum Beispiel den zur Arbeit oder zum nächsten Supermarkt.

Ich überlege gerade, ob ich meiner Gesprächspartnerin den Witz von dem Blinden erzähle, der in einen Laden kommt, seinen Hund am Halsband hochnimmt und ihn durch die Luft wirbelt. Als die entsetzte Verkäuferin ihn fragt, was das soll, erwidert er: »Man wird sich doch wohl mal umsehen dürfen.« Ich lass es lieber. Beim Thema Behinderung verstehen viele Menschen keinen Spaß.

Blindenbiathlon (1)

Herzlich willkommen aus Königswinter, genauer gesagt, dem Ortsteil Oberpleis, wo in diesem Jahr die deutsche Meisterschaft im Blindenbiathlon[2] stattfindet. Wie der Name schon sagt, wird er von blinden Menschen absolviert, und er besteht aus einem Hürdenlauf und einem anschließenden Essen. Wir folgen heute zunächst Simon Kuhlmann. Sicherlich kein Favorit, aber er hat einen klaren Heimvorteil, denn er wohnt schon viele Jahre hier in Oberpleis. Der Startschuss ist gefallen und sofort stürmt Kuhlmann los wie ein Wahnsinniger. Da merkt man, dass er sich hier sehr gut auskennt, aber der zurückzulegende Weg, der vom Pizza Express Mann bis zum Altenheim führt, wo das Essen stattfindet, ist an sich auch keine große Herausforderung. Im Grunde geht es nur geradeaus. Nein, wirklich herausfordernd sind die Hindernisse, die überall auf der Strecke aufgestellt wurden, denn die sind vorher nicht bekannt, aber an der ersten Mülltonne ist Kuhlmann schon vorbei, ohne sie überhaupt berührt zu haben. Zufall oder hat ihm hier sein Gehör geholfen? Bei der nächsten hat er jedenfalls mehr Pech. Er berührt sie mit dem Stock, aber das gibt keinen Punktabzug, denn der Stock ist schließlich dafür da, Hindernisse zu erfassen, bevor der Blinde drüber stolpern

---

2   Gibt es in der hier beschriebenen Form nicht wirklich.

kann. Wir haben übrigens Glück mit dem Wetter, denn es regnet nicht. Das ist gut, denn eine Kapuze oder ein Schirm über dem Kopf, auf den dann auch noch permanent Tropfen prasseln, würde das Gehör beeinträchtigen. Hinzu kommt, dass Autos auf nasser Fahrbahn bedeutend lauter sind, was die Wahrscheinlichkeit erhöht, dass der Blinde leisere, aber für ihn wichtige Schallereignisse auf dem Weg überhört. Er muss also aus Sicherheitsgründen um einiges langsamer gehen. Rekorde können bei Regen also nicht aufgestellt werden. Bei Schnee übrigens auch nicht, und zwar nicht in erster Linie, weil es glatt ist, wie viele glauben, sondern weil der Schnee wichtige Anhaltspunkte, die sonst mit dem Stock ertastet werden können, zudeckt. Da muss man sich dann als Blinder vor allem in ruhigen Nebenstraßen unter Umständen die Frage stellen: Bin ich eigentlich noch auf dem Bürgersteig oder schon mitten auf der Straße? Außerdem hat man da schnell mal die Richtung verloren, aber ich schwoff ab. Wenden wir uns wieder Simon Kuhlmann zu, der jetzt ein parkendes Auto vor sich auf dem Bürgersteig hat, aber souverän zieht er innen dran vorbei. Schließlich ist er Profi, der auch schon an Baustellenläufen teilgenommen hat. Da ist der Hürdenlauf heute ein Klacks dagegen. Jetzt passiert er eine Engstelle, die nicht extra für den Biathlon angelegt wurde. Sie ist wichtig, weist sie Kuhlmann doch darauf hin, dass er bald den Zebrastreifen erreicht haben wird, den er ja nicht sehen kann. Er weiß, dass gleich die Treppe der Parfümerie kommt und sofort, wenn er die passiert hat, muss er Aufstellung nehmen, was er auch gerade tut, allerdings nicht, ohne gegen ein Verkaufsschild gerannt zu sein. Oh, das ärgert ihn. Man sieht es ihm kurz an, aber dann wird sein Gesichtsausdruck sofort wieder konzentriert und er lauscht auf den Verkehr. Theoretisch hätte er sofort rüber gekonnt, aber im Kreisverkehr bog gerade ein lauter LKW ab und der könnte schließlich ein leiseres Fahrzeug, das Kuhlmann gefährlich werden könnte, übertönen. Einmal hätte er beinahe eine Kollision mit einem Fahrrad gehabt, weil er es erst im allerletzten Moment hören konnte. So, jetzt könnte er aber wirklich rübergehen, macht er auch und geht auf der anderen Seite sofort zügig weiter. Er muss die verlorene Zeit wieder reinholen, zumal schon der nächste Zeitverlust droht, denn wie ich Kuhlmann kenne, wird er an der nächsten Querstraße … – Genau. Wusst' ich's doch. Obwohl die Straße völlig frei ist und er einfach nur geradeaus hätte weitergehen müssen, entscheidet er sich für eine Sicherheitsüberquerung. Sicherheitsüberquerung heißt, man biegt in die Querstraße ein, geht dort rüber, um dann wieder in die Parallelstraße zurückzugehen. Diese Methode wird Anfängern beigebracht, aber unter Fortgeschrittenen und deren Trainern ist sie verpönt, bei Kuhlmann jedoch nicht. Er hat in Interviews gesagt, dass er bei normalen Überquerungen gerne mal die Richtung verliert, und da ist ihm die Sicherheitsüberquerung im wahrsten Sinne des Wortes einfach sicherer. Apropos Sicherheit: Jetzt kommt die gefährlichste Stelle des Parcours', die REWE-Einfahrt. Hier muss man höllisch aufpassen, denn es fahren ständig Autos rein und raus und manche tun das auch noch in einer unangemessen hohen Geschwindigkeit. Da wundert es einen fast, dass so wenig passiert. Hörer, die sich schon länger mit dem Blindenbiathlon beschäftigen, werden sich sicher an den Vorfall erinnern, wo ein Auto über die Stockspitze von Simon Kuhlmann gefahren ist. Und das Geniale war: Die war nachher noch benutzbar. Das spricht für den

Hersteller bzw. das verwendete Material. So, den REWE hamwer und Kuhlmann zieht das Tempo noch mal richtig an. Nur noch wenige Meter, dann hat er die Einfahrt des Altenheims erreicht. Hier hat er sich mal an einem Mauer-vorsprung eine Platzwunde zugezogen, aber heute geht alles gut. Er biegt in die Einfahrt ein und prescht den Berg hinauf, wo man freundlicherweise kein Hindernis mehr auf-gestellt hat, und so ist er jetzt schon oben und passiert die Ziellinie. Wir haben noch keine Vergleichswerte, weil die Konkurrenten noch nicht gelaufen sind, aber Kuhlmann hat sich ganz passabel geschlagen, abgesehen vom vielleicht zu langen Zögern am Zebrastreifen und der Sicherheits-überquerung, die meines Erachtens völlig überflüssig war. Und hiermit gebe ich erst einmal zurück ins Funkhaus. Spä-ter melde ich mich dann wieder mit dem zweiten Teil des Blindenbiathlons, dem Essen.

»Aber wie geht das denn genau mit dem Stock?«, fragt jetzt meine Sitznachbarin. »Also ich meine, wie genau hilft er Ihnen auf Ihrem Weg?«

»Indem ich ihn vor mir herpendle, und zwar so, dass er immer auf der rechten Seite ist, wenn ich meinen linken Fuß nach vorne setze, und auf der linken Seite, wenn ich meinen rechten Fuß nach vorne setze. Auf diese Weise wird immer mein nächster Schritt abgesichert. Wenn da was ist, stößt der Stock dagegen und warnt mich so vor einem Hindernis, über das ich sonst fallen würde. Aber der Stock warnt mich nicht nur vor Stolperfallen, sondern kann zum Beispiel auch dabei helfen, die Treppe zu finden, die zu einem bestimmten Laden führt, oder auf meinem täglichen Heimweg ertaste ich mit ihm zum Beispiel irgendwann eine Hecke und ich weiß: Wenn die aufhört, kann ich in meine Einfahrt einbiegen.«

»Faszinierend, was so ein Stock alles kann.«

»Der Stock kann gar nix. Der Blinde ist derjenige, der weiß, wie er einzusetzen ist. Aber wir verlassen uns nicht auf den Stock allein, sondern setzen auch unsere Sinne ein; vor allem das Gehör. Wenn ich beispielsweise irgendwo Autos höre, weiß ich, dass da die Straße ist, oder ich höre schon von weitem eine Gruppe schwatzender Menschen und kann mir überlegen, wie ich am besten an denen vorbei komme. Wobei: Das ist so eine Sache mit den schwatzenden

Menschen. Die hören nämlich meistens abrupt zu reden auf, wenn sich ein Blinder nähert, und fangen erst wieder an, wenn er vorbeigegangen ist. Aber ich und viele andere Blinde, wir können nicht nur Dinge hören, die Geräusche machen, sondern etwa auch Wände oder Säulen, die einfach nur dastehen. Die verändern nämlich allein durch ihre Existenz den Schall und diese Veränderung nehmen wir wahr.«

»Ja, Sie schnalzen dann und orientieren sich am Echo. Das hab ich im Fernsehen gesehen.« Nein, ich schnalze nicht und mir wäre es auch sehr peinlich, wenn ich es müsste. Unsereins fällt schon genug auf. Ich muss das nicht noch durch merkwürdiges Verhalten verstärken. Und merkwürdig ist das Geschnalze auf jeden Fall für die, die den Hintergrund nicht kennen. Da hat man schnell den Ruf weg, nicht nur blind, sondern auch blöd zu sein. Manche denken das so schon. Einmal sprach mich jemand an (wobei ich auf Grund seiner Sprache vermute, dass er selbst eine geistige Behinderung hatte) und fragte: »Kannst du reden?« Als ich bejahte, meinte er: »Dann is ja gut.« Aber zurück zum Schnalzen: Da gibt es diesen blinden Amerikaner und der hat sich überlegt, dass wir uns doch die Echolottechnik der Fledermäuse zunutze machen könnten. Die Fledermaus sendet ja Töne im Ultraschallbereich aus und danach, wie die von der Umgebung zurückgeworfen werden, orientiert sie sich. Jetzt hat der Mensch aber nichts von Ultraschall, weil er den gar nicht hören kann. Daher sollen wir halt Schnalzlaute ausstoßen. Jetzt ist es nicht so, dass dieser amerikanische Fledermausmann totalen Quatsch erzählt, nur so einer tritt dann im Fernsehen auf und es entsteht der Eindruck, dass alle Blinden schnalzen würden bzw. müssen, und wenn sie es nicht tun, sind sie eindeutig im Nachteil. Nein, sind sie nicht! Also mein Gehör ist jedenfalls so gut trainiert – und ich weiß, das gilt für viele andere Gleichgesinnte auch –, dass ich Hindernisse schon auf Grund des reflektierten Schalls meines Stocks, meiner Schritte oder des allgemeinen Umgebungsschalls orten kann, und das gelingt mir so gut, dass ich schon mal ein Kind leise zu seiner Mutter sagen hörte: »Mama, der is gar nich blind.«

Wir werden vom Schaffner unterbrochen, der meine Fahrkarte sehen will. Ich zeige sie ihm und meine Gesprächspartnerin bemerkt verwundert: »Ich dachte, Menschen wie Sie dürften umsonst fahren.«

»Nicht im ICE. Da würden nur Sie frei fahren, wenn Sie meine Begleitperson wären.«

»Ach hätte ich das doch vorher gewusst.« Wir lachen beide und mir fällt das Geschäftsmodell wieder ein, das ich mal im Scherz entwickelt habe: Anders als in Fernzügen wird im öffentlichen Nahverkehr tatsächlich nicht nur die Begleitperson, sondern auch der Behinderte selbst umsonst befördert, sofern er auf Grund der Art und Schwere seiner Behinderung dazu berechtigt ist. Jetzt könnte ich doch jemandem, der von A nach B will, anbieten: »Sei meine Begleitperson und zahle mir die Hälfte des Fahrpreises, den du ohne mich zahlen müsstest.« Dann hätte mein Mitreisender Geld gespart und ich hätte welches verdient.

Wie finde ich das eigentlich, dass ich kostenlos Bus und Bahn fahren darf? Wie finde ich es, dass ich nur ein Drittel des Rundfunkbeitrages zahlen muss (früher war ich sogar komplett von der Rundfunkgebühr befreit)? Und was halte ich davon, dass mir das Land NRW monatlich ein Blindengeld in Höhe von rund 750 Euro überweist, unabhängig davon, wieviel Einkommen und Vermögen ich habe? Ich bin schon ziemlich privilegiert, was?

»Nein«, erwidert der Gesetzgeber, »du bist im Gegenteil auf Grund deiner Behinderung benachteiligt und daher gewähre ich dir den einen oder anderen Nachteilsausgleich.« Danke, lieber Gesetzgeber. Das ist nett von dir und ich weiß es zu schätzen. Was ich aber gar nicht schätze, sind Behindertenverbände, die gleich auf die Barrikaden gehen, wenn mal über den Sinn, die Art oder die Höhe eines bestimmten Nachteilsausgleichs diskutiert wird. Ich finde, man sollte über alles reden dürfen, und wenn es gute Argumente gibt, kann man auch mal etwas verändern oder sogar abschaffen.

An der letzten Station ist die Dame, mit der ich mich so angeregt unterhalten habe, ausgestiegen. Das gibt mir die Gelegenheit, einmal zu horchen, was im Großraumwagen so los ist. Andere hören Musik oder lesen während einer Zugfahrt, ich liebe es hingegen, meine Mitreisenden zu belauschen. Jetzt gerade nehme ich Kinder wahr. Natürlich sind es Intellektuellenkinder, wie ich sie scherzhaft nenne. Zur Erklärung: In Regionalzügen gibt es Kinder, die ununterbrochen weinen oder krakeelend durch die Waggons rennen. Im ICE sitzt stattdessen der Sohn, der mit seinem Vater Schach spielt oder man hört das Kratzen von Buntstiften auf Papier und irgendwann sagt ein Bruder zu seiner Schwester: »Bist du so traurig, weil du gerne den gelben Stift hättest, dich aber nicht traust, zu fragen?« Dann erinnere ich mich an ein zweisprachig aufwachsendes finnisch-deutsches Mädchen, das auf meiner Fahrt von München nach Siegburg vier Stunden durchgesungen hat. Klingt erst mal nervig, aber der Gesang war so rein und zeugte von hoher Musikalität, so dass ich davon angerührt war.

Auf Blinde reagieren Kinder je nach Alter unterschiedlich. Sind sie noch sehr klein, haben sie Angst, wenn ich mich mit dem Stock nähere, und fangen an zu weinen. Werden sie dann älter, erwacht die Neugier: »Mama, was macht der Mann da?« »Ist das ein Wanderstab?« »Bist du blind?« »Warum bist du blind?« Und mit der Neugier entwickelt sich auch das Bedürfnis, den Blinden auf die Probe zu stellen oder zu veräppeln. Als Praktikant an einer Sprachbehindertenschule war ich einmal einem Jungen zugeteilt und wir beschäftigten uns mit Rechensteinchen. Zwei von ihnen legte er so eng zusammen, dass ich glauben sollte, es wäre nur einer, ich bin aber nicht drauf reingefallen. Ein türkischer Junge in meiner Nachbarschaft sagte, als er so fünf Jahre alt war, eines Tages zu mir: »Du hast grüne Zähne.« Als ich das nicht glauben wollte, meinte er beleidigt: »Wenn ich's dir doch sage!«

Dann kommt die Pubertät und es ist ja allgemein bekannt, was die selbst aus den bravsten Kindern machen kann. Bis jetzt habe ich aber meistens die Erfahrung gemacht, dass sich selbst die ungezogensten Jugendlichen in der Gegenwart eines Blinden zusammennehmen. Als ich in die fünfte Klasse ging, war es unter einigen Hauptschülerinnen eine Weile Mode, laut stöhnend auf einen Jungen zuzustürzen, wohl um ihn zu beschämen oder zu verwirren. Ein Mädchen wollte das auch bei mir machen, aber seine Freundin hielt es zurück: »Jessica, lass das. Der ist blind.« Und vor gar nicht allzu langer Zeit hörte ich hier im Ort mal eine Gruppe Jungs, die sich aufs Übelste beschimpfte (»Fick deine Mutter« etc.). Als ich mich näherte, säuselte einer von ihnen lammfromm: »Vorsicht, da steht ein Auto. Soll ich Sie vorbeiführen?«

Aber noch mal zurück zu kleineren Kindern. Es ist auch sehr interessant, was die sich unter einem Blinden vorstellen, wenn sie noch keinen gesehen haben. Vor vielen Jahren war ich mit meiner sehenden Schwester bei unseren neuen Nachbarn spielen. Einer der Nachbarsjungen sagte dann irgendwann mit starkem rheinischen Einschlag: »Der hat aber doch Auren.« Und als die damals sechsjährige Tochter meiner Pflege- bzw. Gasteltern, bei denen ich während meiner Gymnasialzeit die Woche über wohnte, erfuhr, dass ein Blinder in die Familie kommt, dachte sie, ich liefe immer mit einem Tuch vor den Augen herum. Meine leibliche Schwester musste sich nichts über Blinde zusammenfantasieren, denn ich bin zwei Jahre älter, und so ist sie von Anfang an mit einem Bruder aufgewachsen, der nichts sehen konnte. Das war für sie ganz normal; so normal, dass sie eine Weile dachte, alle Jungs wären blind. Übrigens: Noch heute hört meine Schwester zum Beispiel ein herannahendes Auto eher als ich und mein ebenfalls blinder Bruder. Ich erkläre mir das so: Ein blindes Kind reagiert in stärkerem Maße auf Dinge, die man nur hört, aber (noch) nicht sieht. Daher ist es in der Kommunikation von Vorteil, wenn das sehende Geschwisterkind diese Dinge ebenfalls wahrnimmt. Folglich hört es genauer hin und trainiert so unbewusst sein Gehör.

»Meine Damen und Herren, wir möchten Sie auf unser gastronomisches Angebot aufmerksam machen. Im Wagen 11 halten wir kalte und warme Speisen für Sie bereit.« Ich muss schmunzeln, denn ich erinnere mich gerade an eine vergleichbare Durchsage, wo der Zugbegleiter das entscheidende Wörtchen »und« vergessen hat. Er pries also kalte warme Speisen an. Ich weiß nicht, ob er das Essen bei der Deutschen Bahn durch diesen Versprecher vielleicht besonders treffend charakterisiert hat, denn ich war noch nie im Speisewagen. Es wäre mir zu stressig, mich dahin durchzufragen, und ich müsste mir ja dann auch überlegen, was ich mit meinem Gepäck mache. Aber grundsätzlich wäre ich in der Lage, mich an einen Tisch im Speisewagen zu setzen und alleine zu essen. Ich brauche niemanden, der mich füttert, und ich brauche auch niemanden, der mich beim Essen wachsam beobachtet und es begeistert wie ein Sportreporter kommentiert, wenn ich auf einem ganz vollen Teller gleich beim ersten Versuch ein Stück Fleisch erwische.

Blindenbiathlon (2)

Willkommen zurück zur deutschen Meisterschaft im Blindenbiathlon in Königswinter-Oberpleis. Wir haben vorhin eine ganz passable Leistung von Simon Kuhlmann im Hürdenlauf gesehen, aber der war ja nur die erste Disziplin. Gleich gibt's noch Happahappa. Kuhlmann sitzt auch schon auf seinem Platz im Speisesaal des örtlichen Altenheims, umringt von seinen treuesten lokalen Fans, die auch oft dabei sind, wenn er hier trainiert. Wie schon gesagt: Er wohnt in Oberpleis und man kennt und liebt ihn hier. Was wird es heute geben? Cordon Bleu mit Erbsen und im Plan steht Kroketten, aber der Koch selbst hat mir eben noch gesagt, es handelt sich tatsächlich um Kartoffelbällchen. Umso besser für den Blinden. Die kann er bequem aufspießen, genau wie das Fleisch, das geschnitten serviert wird. Das größte Problem dürften die Erbsen darstellen. Sie sind klein und rund und deshalb schwer zu beherrschen, aber genug der Spekulation. Da kommt schon der Teller, aber bevor es losgeht, wird Kuhlmann noch mitgeteilt, wo was liegt. Zu diesem Zweck vergleicht man den Teller mit einer Uhr und sagt dann: Das Fleisch liegt auf sechs, die Kroketten befinden sich auf neun und die Erbsen auf zwölf. Kuhlmann hat immer wieder gesagt, dass er diese Beschreibung nicht unbedingt braucht. Schließlich fühlt er ja mit dem Besteck, wo was liegt. – So, und warum geht's jetzt nicht los? – Da endlich war der Startschuss und augenblicklich hebt Kuhlmann die Gabel und senkt sie zielsicher auf ein Kartoffelbällchen. Getroffen! Oh, aber das war wohl zu heiß, denn er hat den Mund aufgerissen, um das Innere zu kühlen. Das kostet Zeit und es wird zu klären sein, wer dafür zur Verantwortung gezogen werden kann. Kuhlmann, der jetzt ein offenbar wohltemperierteres Stück Fleisch zum Mund geführt hat, ist auf jeden Fall unschuldig. Das muss bei seiner Bewertung berücksichtigt werden. So, jetzt die Erbsen. Vorsichtig schiebt er sich mit dem Messer eine Handvoll auf die Gabel und die meisten erreichen auch seinen Mund, aber noch ist es leicht, weil der Teller voll ist. Da besteht eher die Gefahr, dass etwas über den Rand auf den Tisch geschoben wird. Vielleicht fragt jetzt der eine oder andere Hörer: »Warum nimmt er nicht einen Löffel?« Der Einwand ist durchaus berechtigt, was die Erbsen angeht, und es liegt sogar ein Löffel neben dem Teller bereit, aber Fleisch und Bällchen lassen sich besser mit der Gabel essen und da muss man sich entscheiden. Man kann ja nicht ständig das Besteck wechseln. Apropos Besteck: Heute hält Kuhlmann das Messer standardmäßig in der rechten Hand und die Gabel in der linken. Das war mal anders. Als kleines Kind hat er nur mit der Gabel gegessen und hielt diese in der rechten Hand. Als er dann das Messer dazu nehmen sollte, nahm er es halt in die linke Hand, weil die rechte schon von der Gabel besetzt war. Mit 18 hat er dann aber, gedrängt durch Klassenkameraden, umgelernt. Wenden wir uns aber wieder dem aktuellen Geschehen zu. Mittlerweile sind alle Kartoffelbällchen verspeist und gerade verschwindet auch das letzte Stück Fleisch im Mund. Jetzt sind also nur noch

Erbsen übrig und die liegen längst nicht mehr schön auf einem Haufen. Kuhlmann bemüht sich, aber er kriegt immer nur wenige Exemplare auf die Gabel. Mühsam ernährt sich das Eichhörnchen, könnte man sagen. Ich verstehe nicht, warum er weiter an der Gabel festhält, und das sieht wohl auch ein Fan so, der jetzt resolut zum Löffel greift und die Erbsen für Kuhlmann aufscheppt. Er muss nur noch jeweils den Löffel zum Mund führen. Das ist legitim, denn Blindenbiathlon ist die einzige Sportart, wo Fans helfend eingreifen dürfen. Trotzdem: Ich habe schon Blinde gesehen, die diese Hilfe nicht nötig hatten, und wir werden sie auch heute wieder sehen. Insofern können wir mit der Leistung von Simon Kuhlmann, der mittlerweile aufgegessen hat, nicht zufrieden sein. Zurück ins Funkhaus.

Ja, es stimmt: Wenn der Teller recht leer ist, habe ich Probleme und das erst recht, wenn kullerndes Kleinzeug wie Reis oder Erbsen im Spiel ist, aber da bin ich sicher nicht der einzige. Ebenso sind mir weitere Blinde bekannt, die sich wie ich das Fleisch in der Regel schneiden lassen. Zwar kann ich Wurst und Fleisch ohne Knochen durchaus selber schneiden, aber zumindest bei sehr vollen Tellern passiert es dann, dass ich Essen auf den Tisch schiebe, und mir ist der Kommentar »Der lässt sich sein Fleisch schneiden« eindeutig lieber als die Aussage »Der isst wie ein Schwein.« Es war übrigens, außer in einem Lokal in München, noch nie ein Problem, mir das Fleisch schneiden zu lassen, wenn man mal davon absieht, dass manche Leute hierbei nicht gründlich vorgehen, so dass die Stücke nicht gänzlich voneinander getrennt sind. Einmal erwiderte die Bedienung in einem Restaurant auf meine Frage, ob man mir das Fleisch schneiden könne, in rheinischem Singsang mit nach oben gehender Stimme: »Wenner Zeit hat.« Glücklicherweise hatte er Zeit, wobei ich mir bis heute nicht sicher bin, wer er eigentlich war. Der Koch?

Ausgehend vom Essen macht es Sinn, ganz allgemein das Thema LPF zu behandeln. LPF, das steht für lebenspraktische Fähigkeiten und ist der Oberbegriff für das, was ein Blinder lernt, um möglichst selbstständig leben zu können.

Genau wie für die Orientierung und Mobilität, gibt es auch hierfür speziell ausgebildete Lehrer. Ich habe mit so einem Lehrer nicht gearbeitet, aber es gibt ja auch zum Beispiel Eltern oder Freunde, die einem etwas zeigen können. Die kennen allerdings dann im Zweifel bestimmte Kniffe oder Hilfsmittel nicht, die das Leben leichter machen.

Ich würde mich im Vergleich zu anderen Vollblinden (können absolut nichts sehen) als mittelmäßig selbstständig bezeichnen. Ich lebe allein in einer eigenen Wohnung. Mein Frühstück und mein Abendbrot bereite ich dort selbst zu. Mittags esse ich in der Regel im Café des Altenheims, das sich in der Nachbarschaft meiner Arbeitsstelle befindet. Wenn ich zu Hause etwas Warmes essen möchte, greife ich auf Fertiggerichte für die Mikrowelle zurück. Selber kochen kann ich nicht. Ich hätte zu viel Angst wegen der Hitze. Wenn da was überkochen oder anbrennen würde, wäre ich aufgeschmissen. Es ist ja so schon schlimm genug, wenn ich zum Beispiel etwas umschütte, aber das kann ich dann einfach mit einem Lappen wegwischen und ich kann meinen Erfolg mit den Händen kontrollieren, ohne mich zu verbrennen.

Einkaufen tue ich meine Lebensmittel allein, obwohl: Die Formulierung ist irreführend. Ich gehe nämlich alleine zum örtlichen REWE, dort lasse ich mir dann aber von einem freundlichen Mitarbeiter helfen. Das sieht so aus, dass ich ihm meinen am PC ausgedruckten Einkaufszettel gebe. Dann gehen wir gemeinsam durch den Laden und der Verkäufer legt alles in einen Korb (ein Wagen lohnt sich für mich nicht). An der Kasse packt er alles für mich aufs Band und nach dem Bezahlen in meinen Rucksack.

Ich kaufe recht einseitig ein. Schließlich kann ich vom Personal nicht verlangen, dass es mir das gesamte Sortiment beschreibt. Als Sehender würde ich es lieben, durch den ganzen Laden zu streifen und spontan Dinge mitzunehmen, auf die ich Lust habe, doch das kann ich als Blinder nicht. Also kaufe ich, was ich bereits kenne und von dem ich weiß, dass es zur Produktpalette des REWE gehört.

Übrigens: Ich käme nie auf die Idee, ohne die Unterstützung eines Verkäufers, sondern stattdessen mit einem sprechenden Barcodeleser einkaufen zu gehen. So ein Gerät gibt es zwar und es existieren auch schon Lösungen fürs Smartphone, nur was bringt mir das, wenn ich gar nicht weiß, wo im Laden ich was finde. Und selbst wenn mir jemand alles gezeigt hätte und die Marktleitung danach auch nicht plötzlich auf die Idee käme, alles umräumen zu lassen, bräuchte ich einige Zeit, um im richtigen Regal mithilfe des Barcodelesers das gewünschte Produkt zu finden. Der Sehende hat mit ein, zwei Blicken das Objekt seiner Begierde ausgemacht, während ich mein elektronisches Helferlein an jede einzelne Verpackung halten müsste, um angesagt zu bekommen, was drin ist.

Backwaren außer abgepackten Schokobrötchen kaufe ich in der Regel nicht im Supermarkt, sondern beim Bäcker. Hier finde ich es schwierig, mich ordnungsgemäß in die Schlange der Wartenden einzureihen und vorzurücken. Irgendwann kommt dann die Frage vom Verkaufstresen: »Wer war jetzt dran?« Woher soll ich das wissen!? Oder es wird gleich gefragt: »Was möchten Sie?«, und ich kann nur vermuten, dass ich an der Reihe bin. Oft frage ich dann:

»Meinen Sie mich?« Einmal sagte ich nichts und dachte, dass man mich schon erneut ansprechen würde, falls ich gemeint war, aber die Verkäuferin schwieg bestimmt eine Minute. Es stellte sich schließlich heraus: Ich war dran und sie hatte gedacht, ich wäre noch unschlüssig gewesen, was meine Bestellung anging. Ein anderes Problem tritt auf, wenn mehrere Leute gleichzeitig bedient werden. Dann muss ich mir die Stimme »meiner« Verkäuferin merken, was nicht immer einfach ist, wenn sich zwei Stimmen sehr ähneln.

Eine andere Schlange, in die ich mich regelmäßig einreihe, ist die vor dem Postschalter. An einem Tag rief die Frau, die dahinter saß, einer anderen Kundin zu: »Lassen Sie den Herrn mal vor! Der ist behindert!« Wie freundlich solche Aktionen auch immer gemeint sein mögen: Ich finde sie peinlich! Wer zuerst kommt, mahlt zuerst, und das gilt auch für mich! Meistens stelle ich mich am Postschalter an, um Geld von meinem Girokonto abzuheben. An den Automaten gehe ich nicht, obwohl es Geräte geben soll, die man sprachgeführt bedienen kann, sofern man einen Kopfhörer mitbringt und dort anschließt. Von einem sehbehinderten Bekannten weiß ich, dass er wildfremde Menschen bittet, das Geld für ihn zu ziehen, weswegen er diesen sogar die Geheimzahl anvertraut. Ich halte das für sehr unvorsichtig. Meine Geheimzahl geht niemanden etwas an (außer mir kennt sie nur meine Mutter) und auch wenn mir jemand helfen muss: Die Ziffern möchte ich selber eingeben, was ja auch kein Problem ist. Die Anordnung der Tasten ist mir bekannt und die Fünf ist außerdem mit einer fühlbaren Markierung versehen. Apropos Anordnung der Tasten:

Wenn man als Mitarbeiter der Stadt Königswinter außerhalb der üblichen Dienstzeiten ins Rathaus möchte, gibt es die Möglichkeit, an der Tür einen Code einzugeben, den ich auch kenne. Trotzdem schaffte ich es lange nicht, die Tür zu öffnen, bis sich herausstellte, dass ich davon ausgegangen war, die Tasten wären wie bei einem Telefon angeordnet. Tatsächlich entsprach die Anordnung aber der auf dem PC-Nummernblock oder einem Taschenrechner.

Zurück zum Thema Geld. Die Münzen kann ich als Blinder auf Grund ihrer Größe und der Beschaffenheit des Randes eindeutig identifizieren:

- 2 Euro: rundum fein geriffelt
- 1 Euro: gleiche Riffelung wie 2 Euro, allerdings nicht durchgängig
- 50 und 10 Cent: rundum gröber geriffelt, Wertunterscheidung über Münzengröße eindeutig möglich
- 20 Cent: gezackter Rand
- 5 und 1 Cent: keine Riffelung, Wertunterscheidung über Münzengröße eindeutig möglich
- 2 Cent: rundum verlaufende Kerbe

Bei den Scheinen arbeitet man mittlerweile auch mit Riffelung, allerdings gibt es nur eine Art. Sie unterscheidet sich lediglich dadurch, wie oft sie unterbrochen ist:

- 50 und 5 Euro: keine Unterbrechung
- 100 und 10 Euro: eine Unterbrechung
- 200 und 20 Euro: zwei Unterbrechungen

Genau wie bei den Münzen mit gleicher Riffelung entscheidet auch hier die Größe über den Wert. Im Gegensatz zu Münzen haben Scheine jedoch einen Nachteil: Sie sind bald so abgegriffen, dass die Riffelung kaum noch oder gar nicht mehr zu ertasten ist. Daher bediene ich mich im Zweifelsfall eines Hilfsmittels mit Namen CashTest. Hierauf sind auf eine bestimmte Weise die Zahlen 5, 10, 20, 50, 100 und 200 in Blindenschrift angeordnet. Klemmt man jetzt einen Schein in das Hilfsmittel ein und klappt ihn um, verdeckt er alle Zahlen, die kleiner sind als sein Wert. Bei fünf Euro sind also alle Zahlen fühlbar, bei zehn Euro alle ab der Zehn, bei 20 Euro alle ab der 20 usw.

Ich muss aber noch mal auf das Thema Schalter zurückkommen. Sehr unbehaglich fühle ich mich an Schaltern, wo die Kommunikation über Mikrofon und Lautsprecher erfolgt. Ich habe nämlich als Kind gelernt, dass man die Menschen, mit denen man redet, anschaut. Das kann ich natürlich nicht, doch zumindest drehe ich den Kopf in die Richtung, aus der die Stimme meines Gesprächspartners kommt. Da ist es irritierend, wenn ich die Stimme aus einem Lautsprecher höre, dessen Position nicht mit der des Sprechers übereinstimmt.

Eine andere Sache, die zu LPF gehört, ist das Putzen. Ich beschäftige eine Putzfrau und unterscheide mich da nicht von vielen Sehenden, die das auch tun, weil sie keine Zeit oder Lust zum Selberputzen haben. Ich hatte allerdings mal eine Putzfrau, die so schlecht sauber machte, dass ich es sogar als Blinder merken konnte. Meine jetzige Putzfrau macht gut sauber, aber hat es dafür schon geschafft, im Eifer des

Gefechts etwa den Stecker aus der Telefondose zu ziehen oder den Wasserhahn an der Spüle abzubrechen.

Wäsche wasche ich im Gegensatz zu meinem Bruder ebenfalls nicht selber. In der Regel alle zwei Wochen holt meine Waschfrau die schmutzige Wäsche bei mir ab und bringt sie einige Tage später sauber wieder zurück. In den Schrank räumen muss ich sie dann jedoch alleine. Beim Sortieren hilft mir neben Klammern, die Sockenpaare zusammenhalten, ein Farberkennungsgerät. Dieses halte ich an ein Kleidungsstück, drücke auf einen Knopf und schon wird mir die Farbe angesagt. Mein »Colorino« kennt zwar nur wenige hundert Farben und Farbnuancen, aber zur groben Unterscheidung reicht es. Ich habe ohnehin nur Farben im Schrank, bei deren Kombination man nicht viel falsch machen kann, und ein paar Kombinationsregeln lernte ich von meiner Mutter. So geht Schwarz ganz gut mit Blau, während man Beige ganz gut zu Braun tragen kann. Mir ist allerdings klar, dass solche Regeln subjektiv sind, und es stört mich, in dem Punkt von anderen Personen abhängig zu sein. Wenn mir mal, was Gott sei Dank praktisch nie vorkommt, jemand sagt, dass sich etwas, das ich an habe, beiße oder nicht altersgerecht sei, bin ich gleich verunsichert, weil ich nicht erwidern kann: »Mir gefällt's. Das ist mein Stil.« Ich habe aber ebenfalls Schwierigkeiten, Komplimente bzgl. meiner Farbauswahl zu glauben, da ich unterstelle, die Begeisterung der Leute käme nur daher, dass sie mir als Blindem eine auch nur annähernd passende Kombination gar nicht zugetraut hätten.

Apropos Farberkennung: In der bekannten, mittlerweile abgesetzten Samstag-Abend-Show »Wetten, dass..?« behauptete mal eine Blinde, die Farbe von Hemden durch Ertasten erkennen zu können. Ich halte das für Humbug. Dennoch hat der Fernsehauftritt dieser Frau in gewisser Weise mein Leben verändert. Zum Beweis, dass sie blind ist, wurde nämlich ihr Schwerbehindertenausweis in die Kamera gehalten. Mein Vater sah das und stutzte: Der Ausweis war unbefristet gültig. Bisher waren wir davon ausgegangen, er müsste alle paar Jahre verlängert werden. Wir erkundigten uns und nicht lange danach hatte ich ebenfalls einen unbefristet gültigen Schwerbehindertenausweis. Macht ja auch Sinn. Blinder als blind kann ich schließlich nicht werden und in meinem Fall ist auch die Verbesserung meines Sehvermögens ausgeschlossen. Warum soll ich dann von Zeit zu Zeit nachweisen, dass ich immer noch blind bin? Bei »Wetten, dass..?« traten übrigens öfter Blinde auf und meines Wissens wurden alle am Ende der Sendung von den Zuschauern zum Wettkönig gekürt. Der Grund hierfür dürfte in erster Linie die Blindheit sein (Stichwort Mitleid / Bewunderung). Kinder wurden ebenfalls bevorzugt Wettkönig. Wohl deshalb entschied man irgendwann, diese außer Konkurrenz antreten zu lassen.

Schon eine ganze Weile haben sich in meiner Nähe zwei junge Männer angeregt unterhalten. Jetzt muss einer der beiden aussteigen und schon in der Tür ruft er dem anderen noch zu: »Wir sehen uns!« Das wird viele verwundern, aber so ein Satz hätte auch in der Kommunikation zweier Blinder fallen können, und zwar nicht etwa als Scherz. Man verwendet Formulierungen mit sehen, schauen, gucken etc. nämlich ganz selbstverständlich im Alltag und das auch im übertragenen Sinne, ohne darüber groß nachzudenken. Das gilt auch für Blinde. Ich erzähle in diesem Zusammenhang gerne die Geschichte von meiner ebenfalls blinden Freundin und mir. Wir telefonierten, weswegen wir uns ohnehin nicht hätten sehen können. Im Laufe des Gesprächs muss ich dann wohl einmal etwas zu lange geschwiegen haben, woraufhin meine Freundin sagte: »Kuck nich so.« Apropos »kucken«: Ich fuhr in den 90er Jahren im westfälischen Erwitte regelmäßig mit einem Anrufsammeltaxi zum Klavierunterricht. Eines Nachmittags stieg an einer Haltestelle ein älterer Mann ein und setzte sich nach hinten zu einer älteren Frau, die schon im Wagen saß. Diese flüsterte ihm nun irgendetwas zu. Ich konnte kein Wort verstehen, nahm allerdings an, dass es um mich ging. Als die Frau geendet hatte, sagte der Mann: »Ja kuck.«

Genauso wie die Annahme, das Wort sehen gehöre nicht zum Sprachgebrauch der Blinden, ist es falsch zu glauben, man müsse es in ihrer Gegenwart vermeiden. Ich hatte einen arroganten Akkordeonlehrer. Der wurde plötzlich ganz kleinlaut und entschuldigte sich bei mir, nachdem er im Gespräch mal irgendwas mit sehen gesagt hatte. Ich musste ihn dann beruhigen und erklären, dass ich so eine Formulierung nicht nur tapfer ertrage, sondern meinerseits auch ganz selbstverständlich verwende.

Ein weiterer Irrtum vieler Sehender wird anhand der Äußerung eines Professors deutlich, bei dem ich im Studium eine Vorlesung zur Geschichte der Rockmusik belegt hatte. Der meinte nämlich eines Tages zu mir: »Nächsten Mittwoch brauchst du nicht kommen. Da gucken wir einen Film und das ist ja nichts für dich.« Stimmt, der gezeigte alberne Beatles-Film war wirklich nichts für mich, aber davon auszugehen, Blinde würden nicht fernsehen, ist schlicht und ergreifend falsch. Gut, im wörtlichen Sinne können sie es natürlich nicht und trotzdem steht auch in fast jedem reinen Blindenhaushalt ein Fernsehgerät. Warum auch nicht? Schließlich produziert der Kasten nicht nur Bild, sondern auch Ton, und der ist je nach Sendung durchaus informativ genug. So kann ich Nachrichten ohne Probleme verfolgen, weil die ja vorgelesen werden. Auf die begleitenden Bilder kann ich da gut und, wenn es um Elend, Krieg und Terror geht, auch gerne verzichten. Talkshows sind auch kein Problem, weil dort, wie der Name schon sagt, ständig geredet wird. In Spielfilmen wird auch geredet, aber unterschiedlich viel, und es kommt darauf an, wie eindeutig die zu hörenden Geräusche sind. Eine Szene etwa, wo jemand aufgebracht schreit: »Ich geh jetzt!«, und Türe knallend aus dem Raum stürmt, bereitet mir keine Schwierigkeiten. Wenn ein Bösewicht hingegen schweigend die Bremsleitung eines Autos durchschneidet, wird mir das entgehen, es sei denn, der Film ist ein Hörfilm, wurde also mit Audiodeskription versehen.

Audiodeskription, was ist das? Nun, der Lateiner kann es sich herleiten: Audio ist was mit Hören und Deskription ist die Beschreibung. Es handelt sich somit um eine akustische Bildbeschreibung. Im Fernsehen existiert sie nur bei den öffentlich-rechtlichen Sendern, aber auch da nicht flächendeckend. Wenn es sie gibt, wird sie auf dem zweiten Tonkanal ausgestrahlt, dort also, wo sonst schon mal die Originaltonspur eines ausländischen Films läuft, während auf dem ersten Kanal die synchronisierte Fassung zu hören ist. Wechsle ich bei einem Hörfilm auf den zweiten Kanal, werde ich von der Durchtrennung der Bremsleitung erfahren. Ich bekomme jedoch auch beschrieben, dass der Frau, die von dem »Ich geh jetzt!«-Typen verlassen wurde, eine einzelne Träne von der Wange rinnt. Wie viel beschrieben wird, hängt von der Zeit ab, die dem Beschreiber zur Verfügung steht. So höre ich in einer wortreichen Actionszene nur kurze Sätze wie: »Er reißt die Waffe hoch«, während mir in einer ruhigen Szene, in der nicht gesprochen wird, die Landschaft oder die Kleidung einer Person ausführlich beschrieben werden kann. Wie gesagt: Das Angebot ist längst noch nicht flächendeckend, doch die Audiodeskription ist definitiv auf dem Vormarsch. Dazu trägt sicherlich auch die Regelung bei, dass deutsche Kinofilmproduktionen nur noch öffentlich gefördert werden, wenn es Audiodeskription gibt. Diese ist dann (hoffentlich) später auch auf den entsprechenden DVDs oder bei den Streamingdiensten verfügbar. Im Kino haben Blinde nur selten die Möglichkeit, einen Film über Kopfhörer mit Bildbeschreibung eingespielt zu bekommen, mittlerweile wurde allerdings eine interessante App für das Smartphone entwickelt. Ist darin die Audiodeskription zu einem aktuellen Kinofilm vorhanden, lädt der Blinde sich diese einfach auf das Handy. So gerüstet, geht er ins Kino, wo er dann den Filmton ganz normal über die Saallautsprecher hört und die mitgebrachte Bildbeschreibung über Kopfhörer. An welcher Stelle des Films man sich befindet, erkennt die App einfach über das eingebaute Mikrofon des Smartphones, das den Filmton im Saal einfängt. Längst existiert Audiodeskription aber nicht nur für Spielfilme und Dokumentationen, sondern es gibt auch Livebeschreibungen zum Beispiel bei Sportveranstaltungen oder Shows (wobei es mich bei letzteren stört, wenn etwa in einen Liedvortrag reingequatscht wird, weil man mir unbedingt das Outfit der Sängerin oder ihre Tanzbewegungen beschreiben muss) und das nicht nur im Fernsehen. So habe ich schon von Theateraufführungen gehört, wo jemand live vom Regieraum aus das Geschehen auf der Bühne beschreibt. Vergleichbares wird auch in manchen Fußballstadien angeboten und selbst von Karnevalszügen mit Audiodeskription habe ich schon erfahren.

In meiner Nähe schnarcht es. Da ist wohl jemand eingeschlafen. Hoffentlich verpasst er seinen Ausstieg nicht. Ob er wohl gerade etwas träumt? Ich werde schon mal gefragt, wie ich träume. Anfangs habe ich die Frage nicht wirklich verstanden und so was geantwortet wie: »Normal halt, nur ohne Sehen«, aber genau das ist der springende Punkt: Die Sehenden interessiert, ob Blinde im Traum sehen können. Also ich wüsste nicht, dass ich jemals in einem Traum gesehen hätte. Ich höre, fühle, schmecke und rieche, doch sehen tue ich nicht. Mein Bruder erzählte mir hingegen, er habe durchaus schon von Situationen geträumt, in denen er sehen konnte. Es ist allerdings davon auszugehen, dass seine Sehempfindung nicht mit der echter Sehender identisch war. Wir sind beide von Geburt an blind und daher wissen unsere Gehirne nicht, wie Sehen ist. Bei Menschen, die erst später im Leben erblindet sind, verhält es sich natürlich anders. Die haben Erinnerungen an optische Eindrücke (wobei mir zu Ohren gekommen ist, dass sie bei manchen mit der Zeit verschwinden) und können in ihren Träumen durchaus noch sehen. Ein späterblindeter Mann erzählte mir, dass er sogar im Wachzustand Seheindrücke halluzinierte. Sein Gehirn bekam keinen Input mehr von außen, weswegen es ihm einfach etwas vorgaukelte. So standen zum Beispiel plötzlich Personen vor ihm in der Wohnung oder saßen mit ihm am Tisch, obwohl er in Wirklichkeit alleine war.

Eine andere Frage ist, ob ich im übertragenen Sinne davon träume, sehen zu können. Ehrlich gesagt, belastet mich meine Blindheit gar nicht so sehr, wie offenbar manche Sehende. Die fragen dann etwa: »Kann man denn da gar nichts machen?«, und der ein- oder andere beantwortet seine Frage gleich selbst mit einem klaren »doch«. Ein Verrückter, der sich mir immer aufdrängt, wenn wir uns auf der Straße begegnen (ich nenne ihn scherzhaft meinen Stalker), erzählte mir schon öfter von einem Bekannten, dem man ein Auge transplantiert habe. Ein anderer nerviger Zeitgenosse sagte mir wiederholt, er sammle Zeitungsartikel, und in seinem Ordner befinde sich auch ein Bericht über Blinde, die erfolgreich operiert worden seien. »Den bring ich mal mit und les ihn dir vor.« Ein Besoffener schließlich, der mich mal an einem Bahnhof ansprach, war der festen Überzeugung, ich müsse nur nach Bad Salzuflen (er sagte Bad Salzufllln) fahren, denn in Bad Salzufllln gebe es eine Klinik, in der man mir helfen könnte. Nein, könnte man nicht. Auf Grund einer Erbkrankheit habe ich eine vernarbte Netzhaut und mein Sehnerv ist verkümmert. Mag sein, dass da chirurgisch etwas machbar wäre (ich habe schon eine Doku gesehen, wo Leuten mit der bei mir vermuteten Erkrankung im Rahmen eines Experiments ein Chip eingepflanzt wurde). Mein Gehirn könnte dann visuelle Reize empfangen, aber inwieweit könnte es diese auch verarbeiten? Ich habe in meinem Sonderpädagogikstudium gelernt, dass es während der Kindheit so genannte sensible Phasen für bestimmte Sinnesreize gibt, in denen das Gehirn auf entsprechende Eindrücke von außen mit der exzessiven Bildung von Nervenverbindungen reagiert, um das Wahrgenommene optimal verarbeiten zu können. Nun hatte ich aber noch nie Seheindrücke, auch während der fraglichen sensiblen Phase nicht. Somit wurden in meinem Gehirn für das Sehen wichtige Nervenverbindungen nie angelegt. Deshalb nähme ich nach einer Operation möglicherweise zwar visuelle Reize wahr, doch diese Wahrnehmung wäre keinesfalls mit der einer sehenden Person vergleichbar und würde mir im Alltag auch nicht in gleicher Weise helfen.

Einmal träumte ich, ich wäre unterwegs und hätte meinen Stock vergessen. Es handelte sich also um einen Albtraum, denn ohne meine Augen, wie ich den Stock gerne nenne, wäre ich draußen aufgeschmissen. Er warnt mich vor Hindernissen auf dem Weg, bewahrt mich so vor Verletzungen und hilft bei der Orientierung. In den eigenen vier Wänden ist das etwas anderes. Da fühlen wir Blinden uns so sicher, dass wir keinen Stock brauchen. Bei einem Bekannten von mir war mal ein Fernsehteam zu Gast und man bat ihn, mit dem Stock durch die Wohnung zu gehen. Er tat es, was mich ärgert. Immer wieder mal regt sich in Blindenkreisen jemand darüber auf, dass unsereins in den Medien falsch dargestellt wird. Mein Bekannter hatte die Chance, etwas geradezurücken oder erst gar nicht schief werden zu lassen, aber er hat sie nicht genutzt.

Wir sollten den Stock jedoch unterwegs nicht nur wegen der Orientierung und des Selbstschutzes dabei haben, sondern auch aus juristischen Gründen. Schließlich kennzeichnet er uns gleich als blind, was besondere Rücksichtnahme durch die anderen Verkehrsteilnehmer erfordert. Die Kennzeichnung führt allerdings auch zu mehr oder weniger lustigen Situationen. Der Stock ist gleichsam ein Zauberstab, der die Leute verhext, so dass sie anders reagieren als gewöhnlich. Beispiel: Wenn man versehentlich eine andere Person anrempelt, schnauzt die einen vielleicht an: »Können Sie nicht aufpassen!?«, »Haben Sie keine Augen im Kopf!?«, oder »Sind Sie blind!?«, sind da gebräuchliche Reaktionen. Ist der Rempler tatsächlich blind, wird sich dieselbe angerempelte Person hingegen freundlichst entschuldigen: »Oh, tut mir leid! Ich hab sie gar nicht gesehen!« Einmal habe ich erwidert: »Ich Sie auch nicht«, und wir mussten beide lachen. Eine andere Situation: Ich ging so meines Weges und wich dabei wohl von der Ideallinie ab. Wäre ich ohne Stock unterwegs gewesen, hätte das wohl niemanden gekümmert. Als Stocknutzer wurde ich aber als hilfebedürftig eingeschätzt, weswegen mir eine Frau aus einem Fenster zurief: »Links!« Ich ging daraufhin nach links, doch die Frau war nicht einverstanden: »Nein! Links!« Einmal wollte mich ein freundlicher Herr darauf aufmerksam machen, dass gleich die REWE-Einfahrt aufhört und der Bürgersteig anfängt. Leider benutzte er eine unglückliche Formulierung. Er sagte: »Gleich ist es zu Ende für Sie.« Beim Bäcker brauche ich beide Hände, um den Einkauf in meinen Rucksack zu packen. Daher lege ich den Stock auf dem Boden ab. Regelmäßig passiert es dann, dass mich jemand freundlich anspricht: »Ihnen ist der Stock runtergefallen. Warten Sie, ich heb ihn auf.« – Komisch, ich merke gerade, dass mich diese Leute immer siezen. Dabei werde ich oft geduzt. Ich habe dafür folgende Erklärung: Kinder duzt man und für viele stehen Kinder und behinderte Erwachsene wohl auf gleicher Stufe. Ich bin es also gewöhnt, von Wildfremden geduzt zu werden, weswegen ich mir auch nicht jedes Mal Gedanken darüber mache, ob und woher ich sie kenne. Etwas anderes ist es freilich, wenn ich mit Namen angesprochen werde, wie seinerzeit von einer Studentin an der Uni. Hier ging ich davon aus, dass ich sie kennen musste; vielleicht sogar besser nach der überschwänglichen Freundlichkeit zu urteilen, mit der sie mich begrüßt hatte. Was stellte sich aber am Ende heraus? Ich kannte sie nicht. Sie hatte nur schon von mir gehört, da ich der neu ins Wohnheim eingezogene Blinde war. Ja, wir Blinden sind dort, wo wir leben oder arbeiten, bekannt wie ein bunter Hund, und weil die Behinderung für viele Leute unser primäres Merkmal ist (in der Soziologie nennt man das Masterstatus), werden wir auch schon mal mit anderen Blinden verwechselt. Mir sagte mal eine Frau an meinem aktuellen Wohnort, sie habe mich schon gekannt, als ich noch ganz klein gewesen sei, nur konnte das gar nicht stimmen. Schließlich war ich erst im Alter von 31 Jahren in die Gegend gezogen. Im selben Gespräch erfuhr ich außerdem noch, dass ich kürzlich überfallen worden sei, was ebenfalls nicht der Wahrheit entsprach. Als Student wurde ich von einem Professor gerne mal mit »Hallo Uli« angesprochen und er war fest davon überzeugt, wir wären schon zusammen in der Schweiz gewesen. Ich kannte diesen Uli nicht, doch er war blind. Ich muss allerdings sagen, dass der Professor ohnehin ziemlich verpeilt war. Eine sehende Kommilitonin erzählte mal, sie sei vormittags von ihm geprüft worden. Am Nachmittag habe sie dann eine Freundin zur Prüfung begleitet.

Er kam aus dem Prüfungsraum, sah die Studentin, die er am Vormittag geprüft hatte, und fragte diese: »Sind Sie die Nächste?«

Gerade wurde durchgesagt, dass wir mittlerweile eine halbe Stunde Verspätung haben. Daher nehme ich mein iPhone und schicke der Freundin, zu der ich gerade fahre, eine entsprechende WhatsApp-Nachricht. Aber wie kann ich denn als Blinder ein Gerät bedienen, welches keine echten, fühlbaren Tasten mehr hat? Nun, so mancher wird annehmen, dass ich die Sprachassistentin Siri nutze, was ja auch nicht ganz falsch ist. Ich verwende bisweilen die Diktierfunktion oder frage Siri, wie das Wetter wird. Ferner hat es mir unterwegs schon geholfen, von ihr zu erfahren, wo ich mich gerade befand. Wäre ich jedoch ausschließlich auf sie angewiesen, hätte ich mir sicher kein iPhone gekauft. Nein, auf dem Gerät läuft ein Screenreader. Wie der Name schon sagt, liest ein Screenreader den Bildschirminhalt aus und setzt ihn in Sprache um sowie, wenn eine so genannte Braillezeile angeschlossen ist, auch in Blindenschrift. Bisher wurden solche Programme fast nur von speziellen Hilfsmittelfirmen produziert, die sie sich teuer bezahlen ließen. Seit einigen Jahren ist allerdings eine Entwicklung zu beobachten, die ich nie für möglich gehalten hätte: Konzerne wie Apple, Google oder Microsoft haben mittlerweile selbst Screenreader entwickelt und die müssen auch gar nicht mehr extra gekauft und installiert werden. So kommt jedes iPhone standardmäßig mit VoiceOver, jedes Smartphone mit dem Betriebssystem Android hat TalkBack an Bord und ab Windows 10 befindet sich auf jedem Rechner der Narrator. Außerdem gibt es zum Beispiel Fernseher von Samsung und Panasonic, die schon ab Werk mit einer Sprachausgabe ausgestattet sind. Ich finde diese Entwicklung sehr gut, aber man darf nicht vergessen, dass wir sie nicht in erster Linie selbstlosen Menschenfreunden zu verdanken haben, sondern Datenkraken, die in ihrer unbändigen Sammelwut einfach jede Quelle anzapfen wollen, also auch Behinderte.

Die Entwicklung im Bereich schriftliche Kommunikation bei Blinden lässt sich ganz gut anhand einer Geschichte aus meiner Kindheit illustrieren: 1988 (da war ich zehn) sendete der Fernsehsender RTL, der damals noch RTL Plus hieß, nicht rund um die Uhr, und während der Zeit, in der keine Fernsehsendung lief, wurde einfach das Radioprogramm von RTL übertragen. Das brachte meine Schwester und mich eines Tages auf die Idee, das Radio und den Fernseher mit Radioton gleichzeitig laufen zu lassen. Dabei stellten wir fest, dass es ein Echo gab. Der Fernseher hinkte etwa eine Sekunde hinterher. Jetzt wollte ich gerne wissen, warum das so war, und fragte daher meinen allwissenden Vater. Weil der es jedoch auch nicht wusste, ermutigte er mich dazu, einen Brief an RTL Plus zu schreiben. Ich tat dies in Blindenschrift. Sie wurde im 19. Jahrhundert vom damals erst 16-jährigen, in früher Kindheit erblindeten Franzosen Louis Braille entwickelt, weswegen man sie auch Brailleschrift oder schlicht Braille nennt. Nach einigen Startschwierigkeiten trat sie schließlich ihren weltweiten Siegeszug an und wurde zur Standardschrift der Blinden. Nun sollte ich also einen Brief in Braille an RTL Plus schreiben. »Aber Papa«, gab ich zu bedenken, »den kann doch da gar keiner lesen.«

»Doch«, beruhigte mich mein Vater, »die haben sicher

jemanden, der Blindenschrift kann.« Hatten sie nicht. Deshalb rief eines Tages eine nette Dame bei uns zu Hause an und fragte, was ich denn geschrieben hätte. Ich sagte es ihr, woraufhin ich an eine andere Frau weiterverbunden wurde, und die konnte das von uns Kindern beobachtete Phänomen erklären: Das Radioprogramm, das wir über den Fernseher hörten, wurde per Satellit ausgestrahlt und das Signal brauchte vom Sender bis zum Satelliten im Weltraum und wieder zurück zum Empfänger auf der Erde etwa eine Sekunde.

Nur etwa ein Jahr später hätte ich meinen Brief sicherlich auf einer herkömmlichen Schreibmaschine getippt. Wie das ging, lernten wir an der Blindenschule schon in der vierten Klasse. Ich hätte den Brief also jetzt in der Schrift der Sehenden (wir Blinde nennen sie Schwarzschrift) schreiben, doch nicht mehr selber lesen können, genauso wenig wie die Antwort von RTL Plus, die dann möglicherweise ebenfalls schriftlich erfolgt wäre.

Meinen ersten eigenen Computer bekam ich 1996. Es handelte sich um ein Notebook mit Sprachausgabe und Braillezeile. Auf diesem hätte ich den Brief an RTL selbstständig tippen, korrekturlesen und mit meinem kreischenden Nadeldrucker in Schwarzschrift ausdrucken können. Des Weiteren wäre ich mittlerweile in der Lage gewesen, das Antwortschreiben ohne fremde Hilfe zu lesen. Zu meiner Arbeitsplatzausstattung gehörten nämlich auch ein Scanner und eine Texterkennungssoftware, mit deren Hilfe ich mir gedruckten Text am Computer zugänglich machen konnte.

Heute würde ich wahrscheinlich erst mal googeln. Sollte ich danach immer noch eine Frage an RTL haben, stellte ich sie per E-Mail oder in einem Onlineformular. Letzteres würde allerdings nur funktionieren, wenn das Formular barrierefrei wäre. Barrierefreiheit bedeutet in Bezug auf Computerprogramme, Internetseiten etc., dass sie so gestaltet sind, dass für Screenreader klar ist, was und wie sie es anzeigen müssen. Dies lässt sich gut am Beispiel PDF erläutern: Nehmen wir drei PDF-Dateien mit identischem Text. Dem Sehenden wird kein Unterschied zwischen ihnen auffallen, dem Blinden hingegen sehr wohl. In der ersten Datei kann er absolut nichts lesen, weil der Text nur als Bild hinterlegt ist. Dem Screenreader fehlt folglich die Information, dass es sich um Buchstaben handelt. In der zweiten Datei ist diese Information vorhanden, weswegen dem Blinden der Text angezeigt werden kann, aber auch hier gibt es möglicherweise Probleme, etwa bei Tabellen, da diese nicht als solche erkannt und somit auch nicht logisch strukturiert ausgegeben werden. Am barrierefreiesten ist Datei Nummer drei, denn diese ist getaggt. Getaggt meint, Tabellen, Überschriften, Links etc. sind entsprechend gekennzeichnet. In den meisten Screenreadern kann man dann solche Elemente direkt anspringen, was ein Vorteil ist, weil blinde Menschen Texte nicht so wie die Sehenden überfliegen können. Gibt es Fotos oder sonstige Abbildungen, ist in besonders barrierefreien Dokumenten außerdem ein beschreibender Zusatztext vorhanden.

Der Begriff Barrierefreiheit kommt jedoch ursprünglich nicht aus dem Computerbereich. Eine klassische Barriere für Rollstuhlfahrer sind beispielsweise Treppen. Sie versperren ihnen den Weg in bestimmte Gebäude oder ein anderes Stockwerk. Barrierefreiheit in diesem Zusammenhang bedeutet, dass es Rampen oder Aufzüge gibt. In Aufzügen lauert aber wiederum eine Barriere für Blinde, nämlich dann, wenn die Knöpfe nicht in Braille beschriftet sind und die Stockwerke nicht angesagt werden. Eine weitere Barriere für blinde Menschen können Ampeln darstellen, doch auch hier existiert eine Lösung. Ich denke, jeder hat schon einmal bemerkt, dass es Ampeln gibt, die permanent ein Klicken von sich geben. Das tun sie, damit Blinde eine Möglichkeit haben, sie aufzufinden. Wird es dann grün, piepen sie und vibrieren an einer bestimmten Stelle. Dort ist auch ein tastbarer Pfeil angebracht, der in die Richtung weist, in die man gehen muss. Mir hat mal eine Professorin erzählt, in Japan spielten die Blindenampeln Kinderlieder und wenn diese schneller würden, dürfe man gehen. Hilfreich für die Orientierung können ferner Leitstreifen am Boden sein, die man zum Beispiel in immer mehr Bahnhöfen findet. Als so etwas damals bei uns an der Uni installiert wurde, fragte mich der Pförtner in seiner typischen lauten Art: »Wat soll denn dat!? Is dat Kunst!?« Ich muss allerdings sagen, dass ich ein Talent dafür habe, ein solches Leitsystem im Zweifelsfall nicht zu finden oder bei Richtungswechseln wieder zu verlieren.

Mir wird gerade bewusst, dass der ICE, in dem ich sitze, schon ziemlich barrierefrei ist. Es gibt Ansagen und die sind auch laut genug, was vor allem in Regionalzügen keineswegs immer der Fall ist. Aus ihnen erfahre ich nicht nur den nächsten Halt, sondern auch, ob ich in Fahrtrichtung rechts oder links aussteigen muss. Die Ausstiegsseite kann ich außerdem daran erkennen, dass die entsprechende Tür einen Piepton erzeugt, sobald wir in einem Bahnhof gehalten haben. Und nicht zuletzt geben die Türen des wartenden Zuges ähnlich wie die Ampeln ein klickendes Geräusch von sich, damit sie von einer blinden Person geortet werden können.

Habe ich eben gesagt, die Ansagen in diesem ICE wären so toll? Naja, also gerade hat der Zugbegleiter wieder mal verlauten lassen, dass wir die nächste Station voraussichtlich um soundsoviel Uhr erreichen. Das ist zwar nett für die, die da raus müssen, doch mir bringt diese Info herzlich wenig, wenn es darum geht, die aktuelle Verspätung zu ermitteln. Ich weiß nämlich nicht, wann wir die nächste Station regulär anfahren würden. Für die Sehenden wird das, glaube ich, angezeigt, aber das hilft mir ja nicht. Daher mein Appell: Liebe Zugbegleiterinnen und Zugbegleiter, im Sinne der Barrierefreiheit bitte ich euch darum, zukünftig nicht nur anzusagen, wann wir am nächsten Bahnhof sind, sondern immer auch, wie viele Minuten Verspätung wir haben.

Gerade steigen zwei munter plappernde türkische Mädels ein bzw. zu, um es im Bahnjargon zu sagen. Obwohl ich kein Türkisch kann, begreife ich worum es geht, weil sie genug deutsche Wörter einflechten. Ich verstehe »reserviert«, »zwei Plätze da vorne« und »du Opfer«. Die beiden sind bestimmt hier geboren und gut integriert. – Integriert – Dieses Wort hörte ich zum ersten Mal, als eine meiner Klassenkameradinnen von der Blindenschule auf ein normales Gymnasium wechselte, und dann wurde überlegt, ob ich das nicht auch machen sollte. Meine Eltern entschieden sich schließlich dafür, aber es fand sich in unserer Nähe keine Schule, die mich aufgenommen hätte. Dabei gab es da sogar eine, an der man schon Erfahrung mit der Integration von Blinden hatte, nur motivierte das von der Blindenschule erstellte Gutachten über mich nicht gerade dazu, mich aufzunehmen. Außerdem hatten wir aus inoffizieller Quelle gehört, dass die Mehrheit der Lehrer an besagtem Gymnasium angeblich gegen die Blindenintegration war. So landete ich schließlich an einem Gymnasium in Soest. Dort hatte man ebenfalls schon Erfahrung mit Blinden. Soest war allerdings 200 Kilometer von meinem Elternhaus entfernt. Daher musste ich die Woche über in einer Pflegefamilie (mein Vater bevorzugt den Begriff Gastfamilie) leben, was für mich nicht immer einfach war. Gerade in der Anfangszeit bin ich öfter in der Schule ausgerastet und es gab auch mal eine Konferenz deswegen. Alles in allem verlief die Integration jedoch zufriedenstellend. Es entwickelten sich zwar keine tiefen Freundschaften, aber meine Mitschüler waren eigentlich alle nett zu mir. Mein acht Jahre jüngerer Bruder, der heimatnah integriert werden konnte und das schon ab der zweiten Grundschulklasse, hatte es da schwerer. Es gab zum Beispiel einen Jungen aus unserem Dorf, mit dem er eine Weile befreundet war. Dann redete der plötzlich nicht mehr mit ihm und wollte ihn auch nicht mehr führen mit der Begründung, er (mein Bruder) übertrage eine Seuche. Ja, und dann war da noch die Sache mit der Kursfahrt in die Toskana. Die Schule wollte meinem Bruder doch tatsächlich aus versicherungstechnischen Gründen die Teilnahme verweigern. Dabei war er zu diesem Zeitpunkt sogar schon volljährig. Das Ende vom Lied war, dass sich der langjährige

Klassenlehrer meines Bruders entgegen der ursprünglichen Planung bereiterklärte, mitzufahren, weil er einwilligte, die Verantwortung zu übernehmen. Solche Probleme hatte ich an meiner Schule nicht.

Anfangs waren wir drei Blinde in der Klasse, ein Junge blieb dann aber später sitzen und ging schließlich zurück an die Soester Blindenschule. In fast allen Fächern wurden wir gemeinsam mit unseren sehenden Mitschülern unterrichtet. Ausnahmen waren der blindenspezifische Unterricht in zum Beispiel Braillekurzschrift oder Maschinenschreiben, der von einer Lehrkraft der Blindenschule erteilt wurde, und der Sportunterricht. Auch den hatten wir meistens getrennt von den Sehenden, beispielsweise dann, wenn diese Völker- oder Basketball spielten. Da konnten wir unmöglich mitmachen. Nicht selten mussten wir Blinden stattdessen in den muffigen Kraftraum der Schule, was mir gar nicht behagte; sowieso nicht (ich hasse Sport!) und erst recht nicht mehr, als ich in der Oberstufe wegen Sport ein anderes sinnvolleres Fach hätte abwählen müssen. Ich ging deshalb zum Arzt und schilderte ihm ganz ehrlich mein Problem. Er stellte mir daraufhin ein Attest aus. Darin stand in etwa Folgendes: »Wegen der am soundsovielten festgestellten Krankheit kann Simon Kuhlmann nicht am Sportunterricht teilnehmen.« Obwohl die Nennung einer konkreten Erkrankung fehlte, wurde das Attest von der Schule anstandslos akzeptiert. Schließlich dürfte man froh darüber gewesen sein, mich im Sport nicht mehr »beschäftigungstherapieren« zu müssen. So kam es, dass ich weiter Informatik belegen durfte. In diesem Fach war ich zwar grottenschlecht, doch es gefiel mir trotzdem eindeutig besser als Sport. Unser Informatiklehrer hieß übrigens Krebs. Mit diesem Namen habe ich mir einen Spaß beim Abiball erlaubt. Ich bin dort mit einer Stand-up-Nummer aufgetreten. Darin forderte ich, Schule müsse mit der Zeit gehen und sich Fernsehformate zum Vorbild nehmen. Ich zeigte auch gleich exemplarisch, wie ich mir das vorstellte. So gab es eine Abiprüfung als Quizshow, Chemieunterricht nach Art der Sendung mit der Maus und auch eine Arztserie. Das von Roland Kaiser gesungene Erkennungslied zu »Stephan Frank – Der Arzt, dem die Frauen vertrauen« beginnt mit den Worten »Ein Ende kann ein Anfang sein«. Hieraus machte ich: »Ein Lehrer kann das Ende sein«. In der von mir gespielten Szene kam ein Schüler zum Arzt. Der ließ sich dessen Stundenplan zeigen und sagte dann betroffen: »Ich habe eine schlechte Nachricht für dich: Du hast Krebs.« Die ganze Aula hat getobt vor Begeisterung!

Ja, ich habe es in der Integration tatsächlich bis zum Abitur geschafft und das sogar, ohne sitzen zu bleiben. Eigentlich schade, denn ich wollte so gerne ein 2000er Abi, aber so war es schon 1999 soweit. Mit der Note 3,6 kann ich zufrieden sein, denke jedoch, dass ich am einzigen Blindengymnasium in Marburg einen besseren Schnitt erreicht hätte, weil ich dort besser gefördert worden wäre. Auch dürfte ich heute selbstständiger sein, da Orientierung und Mobilität sowie LPF in Marburg verpflichtende Unterrichtsfächer sind. Diesbezüglich wäre sicherlich auch das Marbuger Wohnkonzept förderlich gewesen. Die Schüler sind nämlich nicht in einem klassischen Internat untergebracht, sondern in kleinen Wohngruppen, wo sie von den Betreuern zur Selbstständigkeit erzogen werden. In den letzten

Schuljahren lebt man dann schließlich in so genannten Selbstständigenwohngruppen. Da kommt nur noch einmal in der Woche ein Betreuer zur Kontrolle vorbei. Andererseits hätte ich mich in Marburg weitgehend von sehenden Gleichaltrigen fernhalten können, weswegen ich kaum Erfahrung im Umgang mit ihnen gemacht hätte und sie auch nicht im Umgang mit mir. Was das angeht, war die Integration eindeutig die bessere Wahl. Heutzutage spricht man übrigens gar nicht mehr von Integration, sondern von Inklusion. Während Integration bedeutet, den Behinderten in die normale Gesellschaft einzugliedern, meint Inklusion, dass die Gesellschaft so gestaltet sein muss, dass Behinderte und Nicht-Behinderte gleichermaßen in ihr zurechtkommen. Die Idee finde ich durchaus gut, halte die hundertprozentige Umsetzung allerdings für utopisch.

Apropos Marburg: Als Schüler war ich nicht dort, aber später als Lehramtsstudent besorgte ich mir aus Neugier einen Praktikumsplatz an der Carl-Strehl-Schule, so der Name des Blindengymnasiums, das wiederum Teil der Blindenstudienanstalt (blista) ist.

Marburg (1)

Als ich an der Carl-Strehl-Schule anrief und fragte, wo ich während meines Praktikums wohnen könnte, nannte man mir die Adresse einer alten Frau, die praktisch auf dem Schulgelände wohnte. Das war sehr nett. Nicht nett war dagegen, mir zu verschweigen, dass es sich bei ihr um eine Verrückte handelte. Dabei wusste das jeder in Marburg. Einmal fragte mich eine Lehrerin: »Schreit die bei sich zu Hause eigentlich auch so rum?« Nein, Schreien würde ich es nicht nennen, aber sie sprach schon recht laut und viel und wann immer sie wollte. Eines Morgens stand sie plötzlich in meinem Zimmer, als ich mich gerade rasierte, um auf mich einzureden. Seitdem schloss ich immer ab. Und was sagte sie so? Nun, sie sprach zum Beispiel von einer Person, ging dann zu einer anderen über, die denselben Vornamen hatte, ratterte nun deren Geburts- und Sterbedaten herunter, was sie wiederum zu einer anderen Person führte, die im selben Jahr gestorben oder geboren worden war, dem Jahr, in dem das geschichtliche Ereignis XY stattgefunden hatte und so weiter und so weiter, bis sie schließlich so was sagte wie: »Und dann sind wir wieder da.« Ihr ging es immer darum, zu beweisen: »Alles verbindet sich.« Andere Lieblingssätze von ihr lauteten: »Du bist es / wir sind es auch«, oder: »Wir sind es alle, alle, alle!« Sie war nach eigenen Angaben übrigens auch schon mal in der Psychiatrie gewesen. »Da hat denen dann aber alles eingeleuchtet, was ich so gesagt habe, und sie ließen mich wieder gehen.« Ich will jetzt allerdings kein zu negatives Bild zeichnen. Man konnte es schon ganz gut mit ihr aushalten, zumindest so gut, dass ich später einem Kommilitonen, der sein Praktikum ebenfalls in Marburg machen wollte, ihre Adresse gab, jedoch nicht, ohne ihn vorzuwarnen.

Das alte Haus meiner Vermieterin gefiel mir sehr gut. Es war von ihrem Vater erbaut worden und lag an einem Hang. Dass man deshalb gefühlte 500 Stufen erklimmen musste, um es zu erreichen, störte mich nicht. Im Haus hatte ich die ganze erste Etage für mich. Es gab zwei Zimmer, wovon ich aber nur eines als Wohn-, Arbeits- und Schlafraum nutzte, sowie eine Küche und ein Bad. Darin befand sich ein alter Badeofen, in den man Münzen einwerfen musste, wenn man ihn benutzen wollte. Da er natürlich keine Euros schluckte, sondern, ich glaube, sogar noch Reichsmark, lagen die erforderlichen Münzen daneben. Hatte man einige eingeworfen, musste man den Ofen einschalten, der dafür vorgesehene Knopf war allerdings abgebrochen. Darum lag ein handelsübliches Streichholz bereit, mit dem man in das entsprechende Loch stechen musste. Nun konnte ich in die Badewanne steigen, die ich auch als Dusche nutzte, den Wasserhahn aufdrehen und bald schon hatte ich warmes Wasser. Ich brauchte jedoch einige Zeit, bis ich heraus hatte, wie viele Münzen eingeworfen werden mussten, damit das warme Wasser für den gesamten Duschvorgang reichte. Apropos Münzeinwurf: Von meinem Großonkel, den ich nicht mehr kennen gelernt habe, wird erzählt, dass er ein absoluter Pedant war. Als seine eigenen Söhne studierten, schaffte er eine Münzeinwurfvorrichtung für die Stromzufuhr an und sagte ihnen: »Wenn ihr nach zehn Uhr abends noch Licht braucht, um Bücher fürs Studium zu lesen, müsst ihr den Strom dafür selber bezahlen.«

Als ich an meinem ersten Praktikumstag erwachte, fühlte ich mich krank. Weil es aber keinen guten Eindruck gemacht hätte, gleich am ersten Tag zu fehlen, war ich froh, dass meine Mutter mir Paracetamol mitgegeben hatte. Das ist ein absolutes Teufelszeug. Ich schluckte eine Tablette und augenblicklich verschwanden die Symptome, nur heiser blieb ich noch einige Tage. Nachdem ich das Lehrerzimmer betreten hatte, stellte sich heraus, dass ein krankheitsbedingtes Fehlen wahrscheinlich erst mal gar nicht bemerkt worden wäre, denn so gut wie niemand wusste was von einem Praktikanten. Dementsprechend waren die ersten Tage im wahrsten Sinne des Wortes etwas planlos, bis ich schließlich einen Stundenplan hatte. Selbst unterrichten durfte ich zwei fünfte Klassen in Musik. Dem eigentlichen Musiklehrer schlug ich vor, ich könne etwas zu Mozart und Stimmbildung machen. Er war einverstanden. So setzte ich mich am Wochenende hin und entwarf ein Unterrichtskonzept. Ich schrieb unterstützt von Wikipedia einen kindgerechten Text über das Leben Mozarts, den ich mit den Schülern begleitet von Musikbeispielen aus dem Plattenfundus der Schule durcharbeiten wollte. Das Thema Stimmbildung gedachte ich mit einer Art Wettbewerb zu eröffnen, bei dem es darum ging, welches Kind einen Ton am längsten aushalten konnte, ohne zwischendurch Luft zu holen. Davon ausgehend wollte ich den Schülern dann eine effizientere Atemtechnik vermitteln (Stichwörter Bauchatmung und Stütze). Natürlich musste in Unterrichtseinheiten zum Thema Stimmbildung auch etwas gesungen werden und hier beabsichtigte ich, geschickt die Verbindung zu Mozart herzustellen. Wir erinnern uns: »Alles verbindet sich.« Daher entschied ich mich für »Der Vogelfänger bin ich ja«, die bekannte Arie des Papageno aus der Oper bzw., richtiger gesagt, dem Singspiel »Die Zauberflöte«.

Was soll ich sagen? Mein Unterrichtskonzept funktionierte in der 5a ganz gut, die 5b stellte sich hingegen quer; nicht, was die Theorieeinheiten über Mozart anging, und auch nicht bzgl. der Atemübungen, aber die Kiddies hatten ein massives Problem mit dem Vogelfänger. Sie fanden den Text pervers, besonders die zweite Strophe:

»Ein Netz für Mädchen möchte ich,
Ich fing' sie dutzendweis für mich!
Dann sperrte ich sie bei mir ein
Und alle Mädchen wären mein.«

So etwas wollten sie auf keinen Fall singen! Deshalb musste ich schließlich einsehen, dass es keinen Sinn hatte, die Arie weiter mit ihnen einzuüben. Was nun? Ich wusste, was sie stattdessen gerne gesungen hätten, nämlich »We have a Dream« aus der allerersten Staffel von »Deutschland sucht den Superstar« (DSDS). Hier der Refrain:

»We have a dream
Music is our life
We have a hope

Music will survive
We'll take the chance
We had it all
We feel like heroes
We're standing tall«

Ich mochte den Schülern jedoch nicht einfach geben, was sie wollten. Deshalb beschloss ich, sie ein wenig zu verarschen. Ich übertrug den Songtext ins Deutsche, schrieb eine eigene Melodie dazu und nannte das Ganze »Lied der Träumer«. Kurzzeitig hatte ich sogar damit geliebäugelt, mein Erzeugnis einem fiktiven Autor namens Jürgen Supe in die Schuhe zu schieben, das tat ich dann allerdings doch nicht, sondern verschwieg einfach meine Urheberschaft. Der oben zitierte Refrain lautet bei mir so:

»Wir haben einen Traum.
Musik ist unser Leben.
Wir haben eine Hoffnung.
Musik wird überleben.
Wir nutzen die Chance.
Sie war zum Greifen nah.
Wir fühlen uns wie Helden.
Wir stehn groß da.«

In der nächsten Stunde sagte ich der Klasse, wir würden ein neues Lied lernen, und begann damit, den Text zu diktieren. Zunehmend kam Unruhe auf, weil der eine oder andere etwas ahnte. Als ich die letzte Zeile der dritten Strophe beendet hatte, brach es schließlich aus einem Jungen heraus: »Ich hab's gewusst!« Es ärgerte mich schon, dass man mir so schnell auf die Schliche gekommen war, aber was soll's. Ich hatte trotzdem meinen Spaß gehabt. Jetzt konnte ich ruhigen Gewissens nachgeben und wir sangen den Originalsong.

Marburg (2)

Es ist gut, dass nichts passiert ist, denn es hätte eh nicht funktioniert. Ich war müde und meine damals noch unbehandelten Darmprobleme schwächten mich zusätzlich. Außerdem war es heiß und man hatte uns in einer Dachwohnung untergebracht, die der blista gehörte. Bei uns handelte es sich um die Teilnehmer eines Improvisationstheaterworkshops, die weder in Marburg wohnten noch dort jemanden kannten, bei dem sie hätten unterkommen können. Wir waren zu dritt: Außer mir (damals 36) gab es noch A. genannt G., eine Frau Anfang 30, und G. nicht genannt A., einen Mann um die 60. Betreut wurden wir von einer sehenden Erlebnispädagogikstudentin, die uns auf dem Weg zwischen Wohnung und Schule, wo der Workshop stattfand, begleitete, dafür sorgte, dass wir etwas zu essen hatten, und auch mal mit uns in die Stadt ging. Jetzt, am ersten Abend, war sie aber schon nach Hause gegangen und G. nicht genannt A. lag schon im Bett. A. genannt G. und ich saßen noch in der Küche. Nun muss man sich das aber nicht besonders romantisch vorstellen – ein stimulierendes Getränk, belangloses Geplauder, viel Lachen, scheinbar zufällige Berührungen, die, sofern geduldet oder sogar erwidert, forscher werden, bis ... – Nein, romantisch war unsere Zusammenkunft wirklich nicht. Sie hatte eher was von einem Arbeitstreffen. Um das zu erläutern, muss ich ein wenig ausholen:

A. genannt G. beschäftigte sich mit Fanfiction. Was ist das? Nun, Fans eines Buches, eines Films, einer Serie etc. schreiben bekannte Geschichten um, so dass zum Beispiel Charaktere, die eigentlich sterben, überleben, oder sie verwickeln ihre Helden in neue Abenteuer. Es gibt etwa Fanfiction zu »Harry Potter«, »Game of Thrones« oder »Herr der Ringe«. A. genannt G. beschäftigte sich gerade mit »SOKO Stuttgart«, einer im ZDF laufenden Vorabendkrimiserie. Wer jetzt aber denkt, sie hätte den Stuttgarter Ermittlern einfach neue Fälle auf den Leib geschrieben, irrt. Wenn man die Sache wirklich ernstnimmt, muss man sich zunächst intensiv mit jedem Charakter beschäftigen. Man muss genau wissen, wie er aussieht, welche Kleidung er trägt, wie er spricht, welche Vorlieben er hat etc. Solche Charakterstudien hatte A. genannt G. zum gesamten Stammpersonal von »SOKO Stuttgart« angefertigt und, weil ihr als Blinder sicher etwas entging, hatte sie auch noch sehende Personen in irgendeinem Forum um ausführliche Beschreibungen gebeten. All das las sie mir nun vor bzw. die Sprachausgabe ihres Organizers tat das und ich hörte zu oder, sagen wir besser, ich versuchte es zumindest. Warum sagte ich ihr nicht einfach, dass ich zu müde war? Ich wusste die Antwort: Weil ich im Leben selten zum Schuss kam und jetzt war ich allein mit einer ganz passablen jungen Frau. Ich tat jedoch auch nicht wirklich was, um dem Abend eine erotische Wendung zu geben. Gut, ein- oder zweimal hatte ich sie sanft am Arm berührt. Keine Reaktion. Dann griff sie mir plötzlich energisch auf den Kopf: »Oh, du hast ja sehr kurze Haare!« Das war meine Chance. Wenn ich nun auch ihren Kopf inspizierte und sich daran weitere beiderseitige Übergriffe anschlossen, konnte es noch eine interessante Nacht werden, aber was soll ich sagen: Ich tat nichts dergleichen. Stattdessen lauschte ich weiter den Charakterstudien. Schließlich hatte auch A. genannt G. genug und wir gingen ins Bett; sie in ihres und ich in meines. Während ich versuchte, trotz der Hitze einzuschlafen, hörte ich sie in ihrem Zimmer noch telefonieren.

Marburg (3)

Als wir im Hotel eincheckten, hatte ich Durst. Da wir jedoch gleich wieder los wollten, inspizierte ich nicht die Minibar, sondern nahm nur schnell ein paar Schlucke aus dem Hahn. Beim Verlassen des Zimmers kriegte ich dann mit, wie gerade jemand vom Hotel herumging und eine Warnung des Wasserwerks verkündete: Wegen einer Störung solle man das Kranwasser aktuell nicht trinken. Na super.

Als wir spät am Abend zurückkamen, war mein Durst noch größer als am Mittag, aber jetzt hatte ich ja Zeit, mich mit der Minibar zu befassen. Grundsätzlich kann ich Getränke grob auf Grund der Flaschenbeschaffenheit voneinander unterscheiden. So haben Colaflaschen Rillen und einige Flaschen mit Limo oder Sprudel sind mit fühlbaren Punkten übersät. Ich öffnete die Minibar. Sie enthielt mehrere Flaschen mit Kronkorken, doch die fühlten sich zu meinem Verdruss alle gleich an. In welcher befand sich Wasser? Ich wusste es nicht und konnte es auch ohne sehende Hilfe nicht herausfinden. Daher schloss ich die Minibar wieder und ging mit sehr trockenem Hals ins Bett. Aus dem Hahn zu trinken, war schließlich heute keine Option mehr. Wer weiß, was passiert wäre, wenn ich es trotzdem getan hätte?

Am nächsten Tag erwachte ich zwar reichlich vertrocknet, war jedoch ansonsten wohlauf. Gott sei Dank, denn ich hatte in ein paar Stunden einen Auftritt beim Louis-Braille-Festival. Dieses Festival wird alle drei Jahre vom Deutschen Blinden- und Sehbehindertenverband (DBSV) sowie wechselnden Partnern organisiert. 2016 fand es in Marburg statt. Da wollte ich hin und mit meinen Liedern auftreten. Deshalb schrieb ich frühzeitig eine entsprechende Mail an das Festivalbüro. Viele Monate hörte ich nichts und dachte schon, man habe wohl kein Interesse, aber schließlich bekam ich doch noch eine Zusage. Ich sollte am zweiten Festivaltag um elf Uhr auf der Außenbühne singen, wo den ganzen Tag über Künstler im Halbstundentakt auftreten würden. Aha, Außenbühne also. Da brauchte ich mir keine Illusionen zu machen: Ich würde singen, während die Besucher bei ihrem Streifzug über das Gelände oder auf dem Weg zu anderen Veranstaltungen, die in einem Gebäude oder Zelt stattfanden, an der Bühne vorbeikamen. Wenn ich Glück hatte, blieben Leute stehen, um mir eine Weile zuzuhören, wenn ich Pech hatte, gingen alle einfach weiter. Sicher nicht das Gelbe vom Ei und dennoch war die Außenbühne das Beste, was mir als Nobody passieren konnte. Schließlich wäre ich anders als Stars wie Sabriye Tenberken oder Joana Zimmer nie in der Lage gewesen, ein Zelt zu füllen, würde allerdings eine große Anzahl Menschen auf mich aufmerksam machen können. Doch, ich freute mich auf meinen Auftritt, aber bis dahin war noch einiges zu organisieren.

Ich trete nur sehr selten auf. Schließlich bin ich völlig unbekannt, weswegen ich so gut wie nie engagiert werde und wenn doch, dann oft für Veranstaltungen, wo meine Lieder zum Zuhören eigentlich gar nicht passen. Klar, ich könnte aktiv daran arbeiten, bekannter zu werden. Offene Bühnen, die es zahlreich gibt, wären da eine geeignete Möglichkeit, aber bis auf einmal vor Jahren in Bonn, bin ich noch bei keiner solchen Veranstaltung gewesen. Schließlich muss ich ja irgendwie hinkommen. Gut, das geht schon mit Zug, Bus oder Taxi, doch vor Ort kenne ich mich dann nicht aus. Und was, wenn die Veranstaltung so lange dauert, dass keine Bahn mehr zurückfährt und die Strecke fürs Taxi zu weit ist? In so einem Fall muss ich irgendwo schlafen, wo ich mich auch nicht auskenne, weswegen ich Hilfe von anderen Personen benötige. Lange Rede, kurzer Sinn: Die Ochsentour über offene Bühnen wäre mir wegen meiner Blindheit einfach zu stressig. Zum dreitägigen Louis-Braille-Festival wollte ich allerdings und ich wollte da auftreten. Mir war klar, dass das nur gelingen konnte, wenn ich eine individuelle Betreuung hatte. Ich brauchte jemanden, der mir im Hotel half, zum Beispiel am Frühstücksbüffet. Ferner musste ich ja irgendwie zum Festivalgelände kommen und darauf herumgeführt werden. Ich dachte dabei an meine Mutter, nur winkte die sofort ab. Sie traute es sich nicht zu. Na schön, dann musste ich eben jemand anderen finden. Ich fragte meine Waschfrau, ob das nicht ein Job für eines ihrer Kinder wäre. Natürlich würde ich dafür bezahlen. Die Kinder konnten oder wollten nicht, aber die Tochter fragte eine Kommilitonin an der Uni und die sagte zu. So lernte ich Johanna kennen, was mein absoluter Glücksfall war. Im Vorfeld hatte ich schon Horrorvisionen gehabt von irgendeinem Jugendlichen, der wegen des Geldes zusagt, jedoch total gelangweilt und genervt davon ist, mit mir den ganzen Tag auf einem Festival rumrennen zu müssen, das so gar nichts von Rock am Ring oder Wacken hat. Johanna hingegen war interessiert. Ich bekam zu keinem Zeitpunkt den Eindruck, dass sie sich langweilte. Außerdem ging sie wunderbar auf mich ein und ich hatte sofort das Gefühl, ihr absolut vertrauen zu können. Zu allem Überfluss studierte sie auch noch Sonderpädagogik und Musik auf Lehramt, also meine ehemaligen eigenen Studienfächer, und hatte einen sehbehinderten Freund. Der Umgang mit Blinden war ihr somit nicht völlig fremd.

Der Tag meines Auftritts kam und wir waren schon früh an der Außenbühne, da wir uns anhören wollten, was meine »Konkurrenten« so machten. Blöderweise regnete es und das sollte laut Wetterbericht auch den ganzen Tag so bleiben. Regen lud nicht gerade zum Verweilen ein. Würde sich überhaupt Publikum einfinden, das mir zuhörte? Schließlich war es Zeit für meinen Soundcheck. Johanna führte mich auf die Bühne und zuerst einmal schlug ich kurz den tiefsten und den höchsten Ton des bereitgestellten E-Pianos an. Mir war bekannt, dass es weniger Tasten haben würde als ein herkömmliches Klavier, aber nicht, welche Töne fehlten. Nun wusste ich es und überschlug, dass ich dies bei ein / zwei Liedern berücksichtigen musste. Ich spielte einige Takte und sang dazu ein paar Zeilen aus »Wann wird's mal wieder richtig Sommer?« von Rudi Carrell und »Wenn der Sommer nicht mehr weit ist« von Konstantin Wecker. Hatte ich mir spontan als Gag überlegt wegen des Wetters. Verdammt, der Hocker war zu hoch. Sollte ich mich darum jetzt auch noch kümmern? Immerhin hatte die Höhe definitiv Einfluss auf die Qualität meines Spiels. Egal, das musste jetzt so gehen. Dann sagte mich auch schon der Moderator an, und zwar mit Rudi-Carrell-Stimme. Offenbar hatte ihm mein Soundcheck gefallen. In dem Augenblick, in dem ich mit meinem ersten Lied begann, hörte der Regen auf und die Sonne kam heraus. So sollte es bleiben, bis ich die Bühne wieder verließ. Offenbar gab es da oben jemanden, der mir wohlgesonnen war.

Wie der Auftritt im Einzelnen verlief, kann man nachhören, denn Johanna hat ihn mitgeschnitten. Nach dem ersten Song applaudierte noch niemand, nur Johanna klopfte begeistert auf ihren Digitalrekorder. Nach den anderen Liedern hört man zumindest einige wenige Leute klatschen. Als ich dann beim letzten Song zum Mitsingen animierte, tat das außer Johanna nur ein Mann, aber der tat es mit Innbrunst. Johanna sagte mir nachher, dass es ferner einen Jungen gab, der ganz begeistert von meiner Saxophonimitation im zweiten Lied war, davon hört man jedoch auf der Aufnahme nichts. Was man hingegen sehr wohl hört, ist auf der linken Seite etwas weiter weg von Johanna eine junge Frau, die während des Songs »Büroalltag« immer wieder herzlich lacht und am Schluss anerkennend sagt: »Schön.« Die möchte ich gerne mal kennen lernen, aber ich werde wohl nie erfahren, wer sie ist. Und dann gibt es da noch die weit entfernte weibliche Stimme, die immer wieder aufgeregt meinen Vornamen nennt, als ob sie so was sagen würde wie: »Das ist der Simon! – Nein, der Simon! Du weißt schon, der Simon!« Hatte mich da etwa jemand wiedererkannt? Möglicherweise jemand, den ich seit Jahren nicht gesehen habe? Auch das wird sich wohl nie klären.

Während meiner Schulzeit hatte ich immer wieder überlegt, was ich denn nach dem Abi studieren könnte. Ich lieb-
äugelte mit Germanistik und Anglistik, dann mit Psycho-
logie. Eines war mir allerdings immer klar: Musik wollte
ich auf keinen Fall studieren, obwohl es sich dabei um eine
große Leidenschaft von mir handelte, denn im Studium
würde ich sehr viel üben müssen. Schließlich änderte ich
jedoch meine Meinung. Ich hatte mit meinem Klavierlehrer
gesprochen und der war der Ansicht gewesen, meine aktuellen instrumentalen Fähigkeiten reichten zwar nicht aus,
um an einer Musikhochschule angenommen zu werden,
aber ein universitäres Musiklehramtsstudium sei für mich
sicher drin. Ich überlegte: Als Musiklehrer an einer Schule
zu arbeiten, konnte ich mir durchaus vorstellen, nur sollte
es sich bei dieser im besten Fall um eine Blindenschule han-
deln. Was musste ich neben Musik studieren, wenn ich an
einer Blindenschule unterrichten wollte? Sonderpädagogik.
Auf Sonderpädagogik lag allerdings ein Numerus Clausus
(NC) und mein Notendurchschnitt war zu schlecht. Daher
hätte ich das Studium eigentlich erst nach einer Wartezeit
aufnehmen dürfen, doch als Behinderter wurde ich mal
wieder bevorzugt. Ich galt als Härtefall. Deshalb kam ich
an die von mir präferierte Uni Dortmund und durfte trotz
NC sofort, also zum Wintersemester 1999 / 2000 mit dem
Studium beginnen. Meine genaue Fächerkombination war

Musik auf Lehramt für die Sekundarstufe I sowie Sonderpädagogik mit dem Nebenfach Sprachbehinderten- und dem Hauptfach Blindenpädagogik. Ich habe mit der Härtefallregelung immer gehadert und tue das erst recht mit dem Wissen, dass ich heute gar nicht mehr im sonderpädagogischen Bereich tätig bin. Wie auch immer: Das Studium konnte ich jedenfalls erfolgreich mit dem Ersten Staatsexamen abschließen. Note: 2,6.

Wohnen

In meine erste eigene Wohnung zog ich, als ich zum Studieren nach Dortmund ging. Es handelte sich um ein möbliertes 22 Quadratmeter großes Einzelapartment in einem Wohnheim im so genannten Studentendorf. Eine WG kam für mich nie in Frage. Schließlich bestand immer die Gefahr, auf Mitbewohner zu treffen, zu denen ich überhaupt keinen Draht hatte, oder es war ihnen nicht beizubringen, eine gewisse Ordnung zu halten, was für einen Blinden aber sehr wichtig ist. Wer weiß? Vielleicht wäre ich sogar in einer regelrechten Schweine-WG gelandet. Nein, für Schweinereien wollte ich ganz alleine verantwortlich sein. Einmal gelang es mir nicht, eine Milchpackung ordnungsgemäß zu öffnen, weswegen der Inhalt Gott weiß wohin spritzte. Ich tat sofort mein Bestes, um alles zu beseitigen, doch meine Mutter, die mich erst mehrere Wochen später besuchte, fand noch geronnene Milch an verborgenen Stellen. Nicht lange danach (oder davor?) fiel mir eine volle Glasflasche mit Multivitaminsaft auf den Linoleumboden und zerbrach. Diesmal versuchte ich gar nicht erst, der Lage selbst Herr zu werden, sondern klingelte beim Nachbarn links neben mir, der dann die Mischung aus Scherben und klebrigem Saft beseitigte.

Ein weiterer Vorfall, bei dem ich sehende Hilfe benötigte, war die Sache mit der Elvis-Kassette. Ich besitze mehrere Kassetten von diesem Sänger und eine davon hatte eines Abends Bandsalat. Nun war mir völlig klar, dass ich diesen selbstständig nicht beheben konnte. Dennoch versuchte ich es, was zur Folge hatte, dass das Band am Ende durch die gesamte Wohnung verlief. Jetzt rief ich doch einen Freund an, wobei ich mich heute frage, wie ich das eigentlich geschafft habe vor lauter Band überall.

Hilfe brauchte ich von Zeit zu Zeit auch vom Hausmeister des Studentendorfes. So gefiel mir zum Beispiel die Position der Garderobe nicht und ich fragte ihn, ob er sie nicht umhängen könne. Nun handelte es sich bei besagtem Hausmeister allerdings um einen Mann, der ständig mit künstlicher Freundlichkeit »Selbstverständlich, Herr Kuhlmann!« und »Kein Problem, Herr Kuhlmann!« sagte, dann aber nichts tat. Nach einigen Wochen rief ich ihn wieder an und fragte, wann er denn gedenke, sich meiner Garderobe anzunehmen. Er teilte mir mit, dass es vor Ort keine Bohrmaschine gebe, doch: »Kein Problem, Herr Kuhlmann! Ich bringe einfach meine eigene von zu Hause mit!« Wieder wartete ich eine lange Zeit, in der nichts passierte. Schließlich fragte ich wieder nach: Er habe doch versprochen, mit seiner privaten Bohrmaschine …

»Ich habe gar keine private Bohrmaschine, Herr Kuhlmann!« Ach was. Irgendwann wurde die Garderobe dann tatsächlich umgehängt, nur weiß ich nicht mehr, ob der Hausmeister es tat.

Apropos bohren: Dazu fällt mir noch eine andere Geschichte ein. Das Studentendorf war damals noch nicht an das schnelle Internet der Uni angeschlossen und es sah nicht so aus, als ob das Studentenwerk diesen Zustand bald ändern würde. Daher beschlossen einige Bewohner, die Sache einfach selbst in die Hand zu nehmen. So kam es, dass man eines Tages auch bei mir klingelte, um die Erlaubnis für die nötigen Arbeiten einzuholen. Ich hatte kein gutes Gefühl bei der Sache, zumal ich hardwaremäßig aktuell gar nicht in der Lage war, das schnelle Netz auch selbst zu nutzen. Bei einer Weigerung meinerseits hätte das Projekt aber im Zweifelsfall gar nicht realisiert werden können und ich wäre für allezeit der Arsch gewesen. Also durften eines Abends mehrere Studenten meine Wohnung betreten und bohrten ein Loch. So, wie ich das mitbekam, waren sie mit dem Ergebnis dann jedoch nicht hundertprozentig zufrieden. Zumindest war Dreck im Loch, den sie kurzerhand mit einem brennenden Feuerzeug beseitigten. Jetzt konnten sie ein Kabel durchziehen. Fertig. Und was soll ich sagen? Kurze Zeit danach verfügte das Dorf tatsächlich über schnelles Internet. Ich hatte allerdings noch lange ein schlechtes Gewissen sowie Angst vor dem Auffliegen der ganzen Aktion. Heute halte ich es hingegen für durchaus wahrscheinlich, dass sie dem Studentenwerk bekannt war und dort geduldet wurde.

Als ich nach dem Studium fürs Referendariat nach Bielefeld ziehen musste, kamen wir zum ersten Mal mit potenziellen Vermietern in Kontakt, die Vorbehalte gegenüber Blinden hatten. So befürchteten gleich mehrere, ich würde versehentlich die Herdplatte anlassen. Als ob das nicht auch

Sehenden passieren könnte. Den Vogel abgeschossen hat aber eine Dame, die allen Ernstes zu meinem Vater sagte: »Bei uns kann Ihr Sohn nicht wohnen. Wir wohnen Hanglage.«

»Wir auch«, konterte Papa trocken. Frau H. (70) lehnte ebenfalls zunächst einen Besuch des Blinden ab. Als wir jedoch wegen anderer Besichtigungen mit dem Auto auf dem Weg nach Bielefeld waren, klingelte mein Handy und die Wohnungsvermittlerin war dran. Sie teilte mit, Frau H. habe sich nach einer schlaflosen Nacht umentschieden, so dass wir uns die Wohnung jetzt doch anschauen dürften. Wir taten es und ich unterschrieb gleich den Mietvertrag.

Die Wohnung befand sich in der unteren Etage eines zweigeschossigen Bungalows, hatte 60 Quadratmeter und war altmodisch möbliert. Wenn man sie betrat, stand man in einem Flur, von dem ein Bad, ein Wohnzimmer, ein Schlafzimmer und eine Küche abgingen, wobei letztere ein absolutes Kuriosum war. Für gewöhnlich ist die Heizungsanlage eines Hauses im Keller untergebracht. Nun hatte der Bungalow aber keinen Keller. Deshalb befand sie sich in meiner Küche. Oder sollte ich besser sagen, meine Küche war im Heizungsraum? Jedenfalls betrat man das Zimmer durch eine feuerhemmende Eisentür, musste darin sommers wie winters rund um die Uhr das Fenster gekippt halten und wenn man zur Küchenzeile wollte, war es erforderlich, sich an Brenner und Umwälzpumpe regelrecht vorbeizuquetschen. Wenigstens musste ich in der Küche / dem Heizungsraum nicht auch noch essen, denn dahinter gab es ein vergleichsweise geräumiges Esszimmer, in das ich die Mahlzeiten nach der Zubereitung tragen konnte.

Dabei passierte mir einmal ein Missgeschick: Ich hatte ein Fertiggericht (Nürnberger Rostbratwürstchen mit Sauerkraut und Kartoffelpüree) in der Mikrowelle erhitzt. Beim anschließenden Herübertragen der Plastikschale verzichtete ich leichtfertig auf Handschuhe. Ich schaffte es fast bis zum Tisch, doch dann berührte ein wenig heißer Sauerkrautsaft meine Finger. Vor Schreck hielt ich die Schale schief und ein Teil des Inhalts ergoss sich auf den Esszimmerteppich und den Stuhl. Ich hatte keine Wahl: Wohl oder übel musste ich hinauf in die obere Etage steigen, bei Frau H. klingeln und sie peinlich berührt darum bitten, die von mir angerichtete Sauerkrautsauerei zu beseitigen.

War die Sache mit der Dose Erbsensuppe eigentlich auch in Bielefeld? Je mehr ich darüber nachdenke, desto sicherer bin ich, dass das später gewesen sein muss. Egal. Meine Mutter hatte jedenfalls einen Dosenöffner für mich gekauft und mir ausführlich die Handhabung erklärt. Eines Tages gelüstete es mich dann nach Erbsensuppe. Eine Dose mit dem begehrten Inhalt war vorhanden und der Dosenöffner ebenfalls, aber so sehr ich mich auch bemühte – und ich bemühte mich lange, denn ich kann mich in so was regelrecht reinsteigern, selbst wenn mir von Anfang an klar ist, dass ich ein Problem auf keinen Fall alleine lösen kann. – So sehr ich mich also auch bemühte: Es gelang mir lediglich, ein winzig kleines Loch in die Dose zu bohren. Nach etwa einer Stunde gab ich endlich auf und warf die volle Dose schweren Herzens und mit knurrendem Magen draußen in die Mülltonne.

Kommen wir jetzt aber wieder zu einer Geschichte, die sich definitiv in Bielefeld zugetragen hat: Ich hatte Geburtstag und lud ein paar Freunde ein. Für die Feier wollte ich im Vorfeld einige Sachen einkaufen, wobei mir leidergottseidank Frau H. behilflich war; Gott sei Dank, weil ich noch nicht genügend Mobilitätstraining in Bielefeld absolviert hatte, um alleine einkaufen gehen zu können; leider, weil es sich bei Frau H. nicht einfach um einen hilfsbereiten Menschen handelte, sondern sie fühlte sich für mich, den armen Blinden, regelrecht verantwortlich und sorgte sich ständig um mich. Das machte mir die Situation noch unangenehmer, als sie sowieso schon war. Neben Knabberzeug kaufte ich einige Getränke, unter anderem auf meinen ausdrücklichen Wunsch eine Flasche Bacardi. Sofort zitierte Frau H. die Redensart, wonach Betrunkene die Herberge in Brand stecken. Es war offensichtlich, dass ihr die Sache missfiel, doch was sollte sie machen? Ich war erwachsen und wenn ich die Flasche wollte, musste sie sie in den Wagen legen. Der Abend meiner Geburtstagsfeier kam und wir aßen gut und reichlich beim nahen Italiener, weswegen nachher keiner mehr Lust auf Knabberzeug hatte. Getrunken wurde ein bisschen was, der Bacardi blieb allerdings unangetastet. Da stand sie nun im Kühlschrank, die Flasche, und wollte geöffnet werden. Ihr Inhalt wollte getrunken werden. Eines Sonntagnachmittags war es schließlich soweit. Ich hatte vor, mir zwei Stücke Kuchen zu genehmigen, und dachte, ich könnte doch anstatt Kaffee einfach ein Glas Limo mit Bacardi dazu trinken. Jetzt wäre es ratsam gewesen, zunächst eine passable Menge Limo einzugießen und das Glas dann mit Bacardi aufzufüllen. Dies beherzigte ich nicht. Folglich begann ich mit dem Alkohol. Als ich dann Limo hinzugeben wollte, merkte ich, dass kaum noch Platz im Glas war, weil ich mich verschätzt hatte. Ich mag es nicht, irgendetwas wegzuschütten, also musste ich jetzt austrinken, was ich mir eingeschenkt hatte. So schlimm würde es schon nicht werden, dachte ich, aber als das Glas leer war, drehte sich alles. Ich hatte ganz schön einen im Tee. Das wäre an sich nicht so schlimm gewesen. Schließlich war Sonntag. Es gab nur ein Problem, und zwar in Gestalt der ständig um mich besorgten Frau H., die theoretisch jederzeit meine Wohnung betreten konnte. Sie würde bestimmt gleich sehen und riechen, was los war, und wäre sicher not amused. Was tun? Panisch ging ich ins Bad und hielt meinen Kopf unter kaltes Wasser. Das half tatsächlich. Ich fühlte mich deutlich sicherer auf den Beinen, doch nüchtern war ich definitiv nicht. Insofern hatte ich weiterhin Angst, dass Frau H. kommen könnte, was sie aber Gott sei Dank nicht tat.

Ein Jahr später zog ich nach Soest. Meine Wohnung dort war kleiner als jene in Bielefeld, die Vermieterin ließ mich in Ruhe und über mir wohnte eine regelmäßig seilspringende junge Frau. Ansonsten gibt es nicht viel zu berichten, höchstens, dass ich zu meiner Soester Zeit einige Schrauben locker hatte. In der Folge lösten sich ein Regalbrett, ein Handtuchhalter und die Ablage über dem Waschbecken. Beim Versuch, letzteres Problem zu beheben, fiel mir der Schraubenzieher in den Abfluss.

Für meine Verwaltungsausbildung am BFW Düren zog ich dann erst mal wieder zurück zu Mama und Papa. Meine Mutter stand morgens nicht mit mir auf und auch mein Vater, der schon Rentner war, blieb liegen. Bald gewöhnte ich mir an, mit nackten Füßen durchs Haus zu gehen; nicht, weil ich besonders leise sein wollte, sondern weil ich so auf jeden Fall merkte, wenn ich in weiche, fast flüssige Hundescheiße trat. Unser Basco war schon alt und schaffte es nicht immer einzuhalten, bis man ihn raus ließ, lebte aber noch mehrere Jahre. Während meine Mutter ihn schließlich eines Tages kurz vor Weihnachten zum Tierarzt brachte, wo er mit fast 16 Jahren eingeschläfert wurde, war mein Vater ebenfalls unterwegs, um mir bei Saturn einen neuen Drucker zu kaufen. Ich hielt das für einen schlechten Tausch.

Nach der Ausbildung war ich ein halbes Jahr arbeitslos, dann fand ich eine Stelle in Königswinter-Oberpleis und kurz darauf auch eine Wohnung dort, die sogar in unmittelbarer Nähe meines künftigen Arbeitsplatzes lag. Nur wenige Tage vor Stellenantritt fuhr ich mit meinen Eltern nach Oberpleis, um den Mietvertrag zu unterschreiben. Reine Formsache, sollte man meinen, doch bisher hatten wir nur Kontakt zum Makler gehabt, trafen also erst jetzt auf die Vermieterin, eine ängstliche ältere Frau, und die sagte nein. Sie könne sich eigentlich nicht vorstellen, mir die Wohnung zu geben. Wir fragten nach: Hatte es vielleicht mit meiner Blindheit zu tun? Nein, das sei es nicht. Es gebe sogar einen Blinden in ihrer Verwandtschaft. Nein, sie habe nur einfach irgendwie kein gutes Gefühl. Da war nichts zu machen. Ich bekam die schon sicher geglaubte Wohnung nicht. Was nun? Glücklicherweise konnte mir der Makler als Übergangslösung kurzfristig eine 80 Quadratmeter große, möblierte Ferienwohnung vermitteln. Die wurde eigentlich für 60 Euro pro Tag vermietet, ich bekam sie allerdings für 800 Euro im Monat. Sie war luxuriös eingerichtet. So gab es z. B. in der Küche neben einem Esstisch mit Stühlen noch eine Bar mit Barhockern. Und im Wohn- und Arbeitsbereich gab es einen großen Fernseher mit Dolby-Surround-Anlage. An einem der Lautsprecher holte ich mir einmal eine Platzwunde, als ich mich nach irgendetwas bückte.

Eines Nachts wachte ich von einem Geräusch auf. Nach einer Weile hörte ich wieder etwas. Es klang irgendwie so, als würde ein Rucksack langsam umfallen oder von einem Haken rutschen. Danach blieb es still. Ich beschloss, der Sache nicht sofort auf den Grund zu gehen, sondern weiterzuschlafen. Am Morgen ging ich dann aber besonders vorsichtig durch die Wohnung, immer damit rechnend, auf eine Überraschung zu stoßen. Als ich die Tür zum Bad öffnete, gewahrte ich schließlich die Bescherung. Da lag alles voller Steine, wie ich zunächst dachte. Bald fiel mir jedoch auf, dass die Scheibe der Duschkabine fehlte. Bei den vermeintlichen Steinen handelte es sich also um Glasscherben. Die Scheibe war wohl unsachgemäß eingebaut worden, weswegen sie permanent unter starkem Druck gestanden hatte. Dem hatte sie heute Nacht schlussendlich nachgegeben und war geborsten. Obwohl es noch keine sieben Uhr morgens war, rief ich umgehend meine Vermieter an. Am Nachmittag kam dann ihr Sohn, um Fotos zu machen und die Scherben zu beseitigen. Ärger kriegte ich keinen.

Meine jetzige Wohnung wurde im Intranet meines Arbeitgebers angeboten, ehe man überhaupt eine Anzeige in die Zeitung setzte. Ich war der einzige Interessent, kam, sah und mietete. 88 Quadratmeter sind zwar eigentlich viel zu groß für mich alleine, aber wenn doch sonst alles passt ... — Gut, manchmal stinkt es, weil sich ein Tier (meistens ein

Frosch) in die Wohnung verirrt und stirbt. Entweder finde ich es dann selbst irgendwo oder ich kann mich darauf verlassen, dass sich die Putzfrau darum kümmert. Dachte ich zumindest, bis sie einmal, nachdem sie morgens bei mir sauber gemacht hatte, anrief und sagte, im Abstellraum liege eine tote Maus oder Ratte. Sie (die Putzfrau) sei nicht in der Lage, den Kadaver zu beseitigen, weswegen sie ganz genau beschrieb, wo er sich befand, und mich um die Beseitigung bat. Die Beschreibung war gut, ich fand das verwesende Tier und beförderte es nach draußen. Eine Ratte war es definitiv nicht, Maus kann hingegen schon sein. Zumindest hatte es Fell.

Nach dem Studium ging es ins Referendariat. Leider merkte ich erst jetzt endgültig, dass der Lehrerberuf nichts für mich ist. Neben der Tatsache, dass ich vor der Klasse für eine Autoritätsperson zu unsicher auftrat, und dem Umstand, dass ich neben meinem studierten Fach Musik auch andere Fächer unterrichten musste, gab es hierfür vor allem zwei Gründe: Zum einen hatte man mir im Studium nicht abgewöhnen können (man hatte sich allerdings auch nicht viel Mühe gegeben), bei der Unterrichtsvorbereitung zunächst zu fragen, was ich den Schülern im Fach XY vermitteln will (zum Beispiel Mozart, das simple present oder Multiplikation). Als Sonderpädagogikreferendar sollte ich hingegen zu allererst fragen: Welche Förderbereiche (Sehen, Motorik, Aufmerksamkeit …) möchte ich durch meinen Unterricht ansprechen? Zum anderen machte mir die veränderte Struktur in der Blinden- und Sehbehindertenpädagogik das Leben schwer. Ich selbst hatte als Schüler vor der Integration eine Blindenschule besucht. Auf eine solche ging man, wenn man nichts sah oder nur sehr wenig. Schüler mit einem größeren Sehrest gingen auf Sehbehindertenschulen. Ungefähr zur selben Zeit, als ich zu studieren anfing, hatte man aber damit begonnen, diese Trennung aufzuheben. Grund dafür waren wohl rückläufige Schülerzahlen. Immer mehr blinde und sehbehinderte Kinder und Jugendliche wurden nämlich integrativ beschult, vor allem die intelligenteren. Die Anzahl der verbleibenden Schüler war schließlich so gering, dass man die speziellen Förderschulen nur noch ausreichend voll bekam, wenn man nicht auch noch nach Blinden und Sehbehinderten unterschied, sondern diese beiden Gruppen gemeinsam beschulte. Im Referendariat fand ich dann folgende Situation vor: Die Mehrheit der Schüler konnte im Gegensatz zu mir sehen, und zwar so gut, dass sie die Schwarzschrift beherrschte. Außerdem waren viele von ihnen – wie sage ich es jetzt einigermaßen nett – nicht gerade helle. Ja, und dann gab es noch die Schwerstmehrfachbehinderten, mit denen man definitiv keinen Unterricht im herkömmlichen Sinne durchführen konnte. In diesem Zusammenhang fällt mir ein Erlebnis während eines Praktikums an meiner alten Blindenschule ein, das ich absolvieren musste, um überhaupt mein Sonderpädagogikstudium beginnen zu dürfen. Da hatte ich einem Lehrer geholfen, einer Jugendlichen die Windeln zu wechseln, und der sagte, mir müsse klar sein, dass ich als Lehrer für Blinde und Sehbehinderte zu so etwas bereit und in der Lage sein müsse, denn schwerstmehrfachbehinderte Schüler würden später zu meiner Hauptklientel gehören. Oh Mann, das war ja sehr weit von dem entfernt, was ich mir so vorgestellt hatte.

Lange Rede, kurzer Sinn: Ich brach das Referendariat nach zwei Monaten ab, versuchte es ein Jahr darauf an einer anderen Schule erneut, brach aber wieder und diesmal endgültig ab. Spätestens jetzt befand ich mich stimmungsmäßig an einem absoluten Tiefpunkt. Ich war allen Ernstes davon überzeugt, nicht nur nicht für den Lehrerberuf geeignet zu sein, sondern für überhaupt keinen Beruf. Und warum musste ich als Behinderter überhaupt leben? Warum hatte man mich nicht einfach direkt nach der Geburt getötet? Ich stellte doch für alle eh nur eine Belastung dar, ganz zu schweigen davon, dass ich selbst unglücklich war. Aus diesem Tief kam ich wieder heraus. Heute geht es mir soweit gut und ich betone ja auch immer, kein Mitleid zu brauchen. Trotzdem leugne ich nicht, dass eine Behinderung belastend ist; für den Betroffenen selbst genauso wie für die Mitmenschen. Ist doch schön, wenn eine solche Belastung von vornherein vermieden werden kann. Insofern hatte ich überhaupt nichts dagegen, dass meine Schwester und ihr Mann genetisch abklären ließen, ob ihre Kinder mit einer recht hohen Wahrscheinlichkeit blind geboren würden, um bei einem positiven Testergebnis evtl. auf Kinder verzichten zu können. Und ich habe ebenfalls nicht grundsätzlich etwas gegen Pränataldiagnostik und die Abtreibung von Kindern, die behindert auf die Welt kämen. Andererseits freue ich mich sehr darüber, in einer menschlichen Gesellschaft zu leben, die Behinderte nicht nur duldet, sondern sogar bemüht ist, sie einzugliedern. Fazit: Methoden zur Vermeidung von Behinderungen sind nicht prinzipiell zu verteufeln, solange ihre Anwendung nicht dazu führt, dass behindertes Leben für unwert erklärt wird. Apropos unwert: Das durchaus noch verwendete Fremdwort invalide bedeutet genau das. Das muss man sich mal klar machen!

Kurz nach meinem letzten Referendariatsabbruch begann ich eine Umschulung zum Verwaltungsfachangestellten am Berufsförderungswerk (BFW) für Blinde und Sehbehinderte in Düren, die ich zwei Jahre später erfolgreich abschloss. Dann war ich ca. sechs Monate Arbeit suchend (so die offizielle Sprachregelung), ehe ich in diesem Beruf bei der Stadt Königswinter zu arbeiten begann.

Auch was die Arbeitswelt angeht, gibt es einige gesetzliche Vorschriften, die die Eingliederung Behinderter begünstigen sollen. Das fängt im öffentlichen Dienst schon bei den Vorstellungsgesprächen an. Zu denen müssen Behinderte nämlich eingeladen werden. Wenn ich es mir recht überlege, wurde ich unter diesen Umständen recht selten eingeladen. Andererseits: Was hätte es gebracht, zu tausend Gesprächsterminen zu hetzen und am Ende trotzdem nicht eingestellt zu werden? Der Gesetzgeber greift allerdings auch hier ein. Behinderte sind nämlich bei gleicher Eignung bevorzugt einzustellen. Als ich schließlich bei der Stadt Königswinter anfing, bezuschusste die Agentur für Arbeit vorübergehend mein Gehalt unter der Bedingung, dass man mich mindestens soundso lange beschäftigte. Ja, und ich musste nach Ablauf dieses Zeitraums tatsächlich einen Wisch unterschreiben, der bestätigte, dass ich immer noch da war. Ferner wurde meine blindengerechte Arbeitsplatzausstattung (Braillezeile, Screenreader etc.) komplett bezahlt, ebenso wie die Spezialfirma, die mehrfach einen Mann schicken musste, der den Screenreader so programmierte, dass die in Königswinter eingesetzte Finanzsoftware von mir genutzt werden konnte. Das Geld für solche Leistungen kommt aus der so genannten Ausgleichsabgabe. Was ist das? Nun, Betriebe ab einer bestimmten Größe sind verpflichtet, eine gewisse Anzahl Behinderter zu beschäftigen. Tun sie es nicht, müssen sie als Ausgleich einen festgelegten Betrag zahlen. Die für die Eingliederung eines behinderten Menschen notwendigen Ausgaben können also nur finanziert werden, weil es genügend Betriebe gibt, die keine Behinderten einstellen bzw. weniger als gesetzlich gefordert. Oder anders ausgedrückt: Wären alle bereit, mindestens die vorgeschriebene Anzahl Behinderter zu beschäftigen, könnte deren Eingliederung nach dem jetzigen Modell nicht finanziert werden. Schon paradox irgendwie.

Die Freundin hat zurückgeschrieben. Wenn ich so spät sei, solle ich mich von der Umsteigehilfe doch zu einem Taxi bringen lassen und direkt zu unserer gemeinsamen Verabredung fahren.

»Aye aye Sir«, antworte ich. Am Bahnhof ein Taxi zu kriegen, dürfte kein Problem sein. Schließlich warten da eigentlich immer welche auf Kundschaft, obwohl: Ich bin immerhin schon zweimal reingefallen, was das angeht, allerdings war das an besonders kleinen Bahnhöfen.

Das erste Mal Pech hatte ich in Dortmund-Applerbeck, wo ich im Referendariat wegen eines Schulbesuchs hin musste. Der Zug hielt, ich stieg aus und fand auch gleich einen Mitreisenden, der bereit war, mich zu einem Taxi zu bringen. Wir hatten nur ein Problem: Es stand keins da. Die Sache ging aber glimpflich aus, weil mein Helfer bald herausfand, dass es direkt am Bahnhof eine Taxizentrale gab. Da marschierten wir rein und der Chef persönlich fuhr mich zur Schule.

Viele Jahre später tagte der Arbeitskreis blinder und sehbehinderter Autoren (BLAutor), in dem ich Mitglied bin, im sauerländischen Brilon. Von Siegburg bis Dortmund gönnte ich mir einen ICE, denn es war Rosenmontag, weswegen ich nicht im jecken Köln umsteigen wollte. Die Dortmunder Umsteigehilfe setzte mich dann in einen Zug, der von einer Diesellok gezogen wurde, weil die Strecke nach Brilon noch nicht elektrifiziert war. Vielleicht hätte mich das schon stutzig machen sollen. Wie auch immer: Am Ziel stieg ich aus und da stand ich nun mutterseelenallein. Ich wüsste nicht, dass irgendjemand anderer mit mir ausgestiegen wäre. Falls doch, war er längst über alle Berge. Was jetzt? Ich setzte mich langsam in Bewegung, um eine Treppe zu suchen, die hinunter in die Bahnhofshalle führte. Je länger ich allerdings suchte, desto mehr schwante mir, dass es weder das eine noch das andere gab. Möglicherweise bestand der Briloner Bahnhof nur aus einem einsamen Gleis auf weiter Flur. Ein Taxi konnte ich nicht anrufen, denn ich hatte mir im Vorfeld blöderweise keine entsprechende Nummer ins Handy eingespeichert. Dann sprach mich ein Mann an. Es handelte sich um den Lokführer des Zuges, mit dem ich gekommen war. Ich schilderte ihm mein Problem, woraufhin er zunächst mit der Leitstelle oder wie das bei der Bahn heißt sprach. Dort gab man ihm die Telefonnummer eines Taxiunternehmens, die er sogleich anrief. Kurz danach holte mich ein Fahrer am Gleis ab und brachte mich zum Tagungshotel.

Bis auf diese beiden Male habe ich an Bahnhöfen immer problemlos ein Taxi bekommen können. Einmal brauchte ich eins am Dortmunder Hauptbahnhof. Eine freundliche ältere Dame brachte mich zum Taxistand, wo sie zu mir meinte, bei dem Fahrer des vorderen Wagens handle es sich um einen Schwarzen. Ob das ein Problem für mich sei. Ohne meine Antwort abzuwarten, ging sie einfach zum

Fahrzeug dahinter, aber der hierin sitzende Weiße sagte, dass wir das erste Taxi in der Reihe nehmen müssten. So vertraute sie mich schweren Herzens doch dem Schwarzen an, der sich als sehr freundlich herausstellte.

Das Weihnachtslied

Im Musikstudium belegte ich unter anderem Gehörbildung und Harmonielehre. Als es auf Weihnachten zuging, bat uns der Dozent, als Hausaufgabe entweder selbst ein Weihnachtslied zu komponieren oder ein bekanntes Weihnachtslied für eine beliebige Besetzung zu arrangieren. Ich tat beides:

Mit einem Freund zusammen schrieb ich einen mehrstimmigen Chorsatz zu »Leise rieselt der Schnee« und wir dichteten auch noch einen neuen, völlig albernen Text, der den Konsum von Drogen verherrlichte, obwohl wir damit beide gar nichts am Hut hatten. Dann heuerten wir zwei Mädels aus unserem Freundeskreis an, mit denen wir unser Werk einübten und im Seminar vorsangen.

Alleine schrieb ich ein komplett eigenes Lied, in dem es darum geht, dass bald Weihnachten ist und warum wir uns darauf freuen. Ich sang es im Seminar vor und dem Dozenten gefiel es so gut, dass er es gerne mit seinem Kinderchor aufführen wollte. Zwar hatte ich es auf Kassette dabei, aber er bestand darauf, Noten zu kriegen. Ich besaß damals noch kein Computerprogramm, mit dem ich Blindennoten in Schwarzschrift hätte umwandeln können, doch eine Kommilitonin erklärte sich bereit, die Notation zu übernehmen. Eines Abends trafen wir uns in meinem Studentenapartment und ich diktierte ihr alles, während sie es gewissenhaft nur im Schein einer Schreibtischlampe niederschrieb. Die Birne in der Lampe, die den ganzen Wohn-Schlafraum erleuchtet hätte, war nämlich kaputt und ich hatte mich noch nicht um Ersatz bemüht, denn, um es mit kölschem Einschlag zu sagen: Lischt is für misch persönlich uninteressant. In der nächsten Sitzung übergaben wir die Noten dem Dozenten. Falls sich noch Fragen ergäben, versprach dieser, werde er sich melden. Er tat es nicht.

Der Auftritt des Kinderchores sollte an einem Dortmunder Gymnasium stattfinden und im Vorfeld bekam ich schon mal das Programm. Aus der Art, wie es geschrieben war, konnte man meiner Meinung nach sehr schön sehen, um was für einen Typen es sich bei unserem Dozenten handelte. Er wurde darin als Chorleiter genannt sowie als Komponist einiger Lieder, aber dann stand da dieser Satz: »Über die zahlreichen Arrangements schweigt des Chorleiters Höflichkeit.« Also auf mich wirkte das keineswegs bescheiden, sondern, ganz im Gegenteil, ziemlich arrogant. Wie auch immer: Mein Name stand auch im Programm. Ich war der Komponist von »Weihnachtszeit«. Das machte mich schon ein bisschen stolz und natürlich wollte ich mir das Konzert mit meinem Lied gerne anhören. Unglücklicherweise fand sich niemand, der Lust hatte, mich zu begleiten. Darum beschloss ich, alleine mit dem Taxi hinzufahren, und zwar vom Hauptbahnhof aus. Ich weiß gar nicht, ob das die finanziell günstigste Route war, nur durften Autos nicht direkt bis vors Wohnheim fahren, und ich hätte die Stelle weder finden noch beschreiben können, an der mich ein Taxi hätte aufnehmen dürfen. Ich fuhr also mit der S-Bahn zum Bahnhof, ließ mich dort von einer Passantin zum Taxistand bringen und landete schließlich im Wagen eines freundlichen Fahrers, der dem Akzent nach zu urteilen aus irgendeinem afrikanischen Land kam. Ich sagte ihm, dass ich zum Gymnasium in der Helmholtzstraße müsse, doch er fuhr mich zum Helmholtz-Gymnasium. Als er den Irrtum bemerkte, machte er die Uhr aus, und wir rollten zum richtigen Bestimmungsort.

Das Konzert fing an und bald war es soweit: Zunächst begann das Klavier solo mit E-Dur, H-Dur, A-Dur, H-Dur, dann setzte der Rest der Band ein und schließlich sangen Kinderstimmen mein Lied. Aber was war das? Am Ende der ersten Strophe wichen sowohl der Text als auch die Melodie vom Original ab. Am Ende der zweiten Strophe verhielt es sich ebenso.

In der Pause kam der Dozent mit einem, wie ich es empfand, fiesen Grinsen auf mich zu: »Na? Hast du dein Lied noch wiedererkannt?« Am liebsten hätte ich ihm die Fresse poliert und geschrien: »Was fällt dir ein, mein schönes Lied ohne Grund so zu verhunzen!?« Stattdessen sagte ich möglichst sachlich, dass ich nicht verstünde, warum er die Veränderungen vorgenommen habe.

»Die Noten waren an den Stellen nicht eindeutig.« Aha, und warum hatte er mich dann im Vorfeld nicht auf die Probleme angesprochen? Er hatte doch gesagt, dass er sich bei Unklarheiten melden werde. Und außerdem: Das Lied war absolut syllabisch, jeder Silbe des Textes war also ausnahmslos immer nur ein Ton der Melodie zugeordnet. Ich hörte mir das Konzert noch bis zum Ende an. Danach fuhr ich wütend und enttäuscht nach Hause.

Jahre später sollte ich dann doch noch in den Genuss kommen, mein Lied richtig gesungen zu hören, und das sogar zweimal. In beiden Fällen war meine Pflegemutter die treibende Kraft. Zuerst führte sie es mit ihrem »Kükenchor« auf, einem Kinderchor, bei dem es vordringlich um den Spaß am Singen ging, und ich saß dabei sogar selbst als Begleiter am Klavier. Später fragte mich meine Pflegemutter, ob ich das Lied nicht für den Frauenchor arrangieren könne, in dem sie Mitglied war, und so kam es, dass es auf einem Weihnachtsmarkt in einer dreistimmigen Fassung zum Besten gegeben wurde. Es war saukalt und man konnte die Stimmen im Freien kaum hören, aber all das war mir lieber, als miterleben zu müssen, wie eines meiner Werke, für das ich mit meinem Namen im Konzertprogramm stehe, ohne Absprache mit mir zu seinen Ungunsten verändert wird.

Apropos Schwarze: Man soll nicht pauschalisieren, aber ich habe tatsächlich die Erfahrung gemacht, dass es unter ausländischen Taxifahrern oft sie sind, die wortreiche Radioprogramme hören, z. B. WDR 5 oder Deutschlandfunk. In München fuhr ich mal mit einem Mann aus Ghana, der über das Internet ein Gespräch mit einem Politiker aus seinem Heimatland verfolgte. Er erklärte mir, dass dort in Kürze Wahlen stattfänden. Von dem Interview verstand ich übrigens praktisch nichts außer einigen englischen Wörtern und fragte mich, ob ich gerade afrikanisch gefärbtes Englisch oder eine afrikanische Sprache mit englischen Brocken hörte.

Ich bin in meinem Leben schon viele Male Taxi gefahren, vor allem während der Schulzeit, denn da wurde es vom Landschaftsverband bezahlt. Es gab ein Taxi, das fuhr mich von meinen Eltern zur Blindenschule. Es gab ein Taxi, das fuhr mich von meinen Pflegeeltern zum Gymnasium. Und es gab sogar ein Taxi, mit dem ich an den Wochenenden von Soest zu meinen Eltern gebracht wurde. Ein Fahrer brauchte für die 200 Kilometer lange Strecke an einem Samstagmittag nur anderthalb Stunden. Normal waren ohne Stau etwa zwei. Wie er das schaffte? Nun, er fuhr nicht nur auf der Autobahn Höchstgeschwindigkeit, sondern auch auf Landstraßen. Das hätte ein anderer Fahrer, den ich erst viel später kennen lernte, sicherlich verurteilt. Er hasste nämlich Raser, wie er mir erzählte, und er sei auch schon mal aus dem Auto gesprungen, um einen solchen zur Rede zu stellen. Schließlich sei Rasen absolut verantwortungslos! »Ja gut«, fuhr er dann allerdings überraschend fort, »sonntagmorgens um sieben knall ich meinen Golf auch durch die Eifel, dass die Reifen quietschen, aber da ist ja sonst keiner unterwegs.« Wenn ich es mir recht überlege, hat man mich als Kind schon einigen Rasern anvertraut, und die waren auch noch stolz auf ihr Tun. Einer meinte mal zu mir: »Flotter Fahrstil, was?« Und ein anderer, dem sie zu allem Überfluss auch noch einen 5er BMW unter den Hintern geschoben hatten, äußerte sich wie folgt: »Ich weiß, ich fahr wie eine gesengte Sau, aber dadurch komm ich überall pünktlich an.«

Der Feind nicht nur aller Raser ist der Stau und ich habe während meiner Soester Jahre mit dem Taxi in vielen Staus gestanden. Einmal hörten wir im Radio von einem, der nur drei Kilometer lang war, aber der Fahrer wollte ihn unbedingt umfahren. Auf der Ausweichstrecke gerieten wir dann in einen Stau mit einer Länge von 19 Kilometern. Ein anderes Stauerlebnis ist mir ebenfalls noch gut in Erinnerung geblieben: Wir standen, rollten kaum merklich ein Stückchen nach vorne, standen wieder, rollten wieder etwas vor und so weiter. Plötzlich machte es rums. Wortlos stieg mein Fahrer aus und kurz darauf wieder ein. Weiter ging es mit stop and go. Nach einer Weile rumste es dann erneut. Auch diesmal stieg der Fahrer aus, nur um kurz danach wieder einzusteigen. Offenbar waren wir zweimal auf unseren Vordermann aufgefahren. Später erfuhr ich, der Fahrer habe in der Zentrale irgendwas von Steinschlag gefaselt und sei entlassen worden.

Richtige Unfälle blieben mir mit dem Taxi Gott sei Dank erspart, obwohl ich gleich zwei Fahrer hatte, die mir gegenüber mal zugaben, übermüdet zu sein. Einer davon war ein Türke, bei dem ich es leider immer versäumt habe, aufzuschreiben, was er so alles von sich gab. Eine Sache weiß ich noch. Da meinte er zu mir, dass er gerne wie meine Eltern und ich auf dem Land leben wolle. Begründung: »Gehst du raus, nimmst du Pistole, bum hast du Fleisch.«

Jetzt bin ich in meiner Erinnerung aber lustig hin- und hergesprungen. Der Türke zum Beispiel – übrigens äußerte der auch einmal, er wolle partout keine Türken befördern. War er vielleicht Kurde? – Der Türke jedenfalls fuhr mich zu der Zeit, als ich schon meine Verwaltungsausbildung am BFW machte. Da wurde mir auch ein Taxi bezahlt, allerdings nicht vom Landschaftsverband, sondern von der Bundesagentur für Arbeit. Eigentlich hätte ich mit dem Bus fahren müssen, doch das wäre nicht zumutbar gewesen. Als zumutbar galt eine Fahrzeit von bis zu 90 Minuten. Die hätte ich theoretisch auch eingehalten, praktisch hingegen wohl kaum. Ich hätte nämlich an einer Haltestelle in Düren von einem in einen anderen Bus umsteigen müssen. Die Umsteigezeit wäre jedoch so knapp gewesen, dass ich den Anschlussbus regelmäßig verpasst hätte, und unter diesen Umständen wären die 90 Minuten überschritten worden. Daher genehmigte man mir ein Taxi, welches mich aber nicht von Tür zu Tür fahren durfte, sondern nur bis Untermaubach. Von dort nahm ich dann die Rurtalbahn bis zur

Station Kuhbrücke und ging den Rest des Weges zu Fuß. Auf diese Weise brauchte ich nur 50 Minuten.

Ich bin der Arbeitsagentur sehr dankbar, dass sie mir das Taxi bezahlte, denn mir reichten schon die Buserlebnisse, die ich im Zuge der zur Verwaltungsausbildung gehörenden Praktika hatte. Das ging bereits vor Beginn des ersten Praktikums bei der Stadt Düren los: Ich hatte mich mit meinem Mobilitätstrainer am Kaiserplatz verabredet, von wo aus er mir den Weg zur Praktikumsstelle zeigen wollte. Also bestieg ich in meinem Heimatdorf Bergstein den Bus. Eine automatische Ansage gab es nicht, weswegen ich den Fahrer bat, mir am Kaiserplatz Bescheid zu sagen, was er auch tat. Ich stieg aus und wurde sofort von meinem Mobilitätstrainer in Empfang genommen, der dann aber erst mal in den Bus stürmte und eine Weile auf den Fahrer einredete. Als er wieder herauskam, erfuhr ich, warum: Der Fahrer hatte offenbar nicht ganz bis an die Haltestelle heranfahren können, so dass er mich einfach mitten auf der Straße hatte aussteigen lassen. Sehr gefährlich! Daher war es mir am nächsten Morgen ein großes Anliegen, dem Fahrer (ich weiß nicht, ob es derselbe war) klarzumachen, dass sich das nicht wiederholen durfte. Seine Reaktion war: »Ich hab keine Zeit zum Quatschen! Setz dich dahin jetzt!«

Dann sollte ich bald die Erfahrung machen, dass Haltestellen nicht unbedingt in der richtigen Reihenfolge angesteuert werden. Laut Fahrplan waren die Haltestellen unseres 1000-Seelen-Dorfes in folgender Reihenfolge anzufahren: Bergstein Anfang, Bergstein im Siebert und Bergstein Ort. Es stellte sich jedoch heraus, dass viele Fahrer die Reihenfolge Anfang, Ort und Im Siebert bevorzugten. Das konnte mir egal sein, solange sie mir an der richtigen Haltestelle Bescheid sagten. Dies setzte allerdings voraus, dass sie wussten, welche Haltestelle welche Haltestelle war. An einem Freitagmittag bestieg ich am Kaiserplatz den Bus und bat den ausländischen Fahrer, mir an der Haltestelle Bergstein Ort Bescheid zu geben. Wir fuhren und fuhren und fuhren. Es ist ganz schön weit von Düren bis Bergstein. Immer mehr Leute stiegen aus. Schließlich blieben nur noch der Fahrer und ich übrig. Als der Bus das nächste Mal hielt, war eine Weile nur das Leerlaufbrummen des Motors zu hören, ehe der Fahrer zu sprechen begann: »Siebert.« Wieder Pause. Dann: »Is falsch, näää?«

»Das ist in der Tat falsch«, erwiderte ich. Offenbar hatte er eine Art Busfahrernavi bei sich oder zumindest den Fahrplan in elektronischer Form, denn jetzt meinte er: »Gerät sagt, Ort letzte. Hier letzte, aber is Siebert.« Es war nun an mir, ihm zu erklären, wo sich Bergstein Ort befand. Ich hätte wohl am besten sagen sollen: »Das ist die Haltestelle am Wendeplatz«, doch auf die Idee kam ich damals leider nicht. Stattdessen äußerte ich, die Haltestelle sei an der Kallstraße.

»Wo is Kallstraße?«

»Das ist die Hauptstraße.« Auch diese Info half ihm nicht weiter. Gott sei Dank kam gerade eine Passantin des Weges und ihre Erklärungskünste waren besser als meine. Als der Fahrer schließlich wusste, wo meine Haltestelle lag, meinte er: »Nächste Mal sagst du Erna.« Ich verstand erst nicht: »wie bitte?«

»Nächste Mal sagst du Erna«, wiederholte er, und jetzt dämmerte es mir: Es gab eine alte Frau namens Erna, die direkt an der Haltestelle wohnte und oft mit dem Bus fuhr.

Wer jetzt meint, schlimmer gehe es nicht, sollte sich mal mit meinem Bruder unterhalten. Der Fahrer in der soeben erzählten Geschichte verließ sich immerhin noch auf ein elektronisches Helferlein, wohingegen der Fahrer des Busses, in dem mein Bruder einmal saß, aufgeschmissen gewesen wäre, wenn ihn nicht ein paar Schulmädchen von Haltestelle zu Haltestelle gelotst hätten. Aber mein Bruder kann auch Positives berichten. So fuhr er etwa mit dem Bus zum Einkaufen. Als er dann im REWE stand und auf einen Verkäufer wartete, kam der Fahrer des Busses, den er gerade benutzt hatte, herein und meinte, er habe gerade Pause und könne ihm gerne beim Einkaufen helfen. Ich selbst kann ein positives Erlebnis aus München beisteuern. Da stand ich mit meiner Freundin an einer Haltestelle, als ein Bus hielt. Ungefragt rief uns der Fahrer die Linie zu und fragte, ob wir mitfahren wollten. Mich begeisterte das sehr, doch meine Freundin war nicht sonderlich beeindruckt. So was sei in München normal.

»Entschuldigung, ist dieser Platz noch frei?« Das ist eine ganz einfache Frage, doch mein Hirnkasten beginnt jedes Mal so sehr zu rattern, dass man es eigentlich hören müsste. Zunächst frage ich mich, ob ich überhaupt der Angesprochene bin. Wenn nicht, wäre es ja peinlich, etwas zu sagen. Ich nicke daher auf die Frage nach dem freien Platz meistens nur. Dann habe ich nichts gesagt, aber trotzdem reagiert für den Fall, dass ich angeschaut wurde. Und mit meiner nonverbal gegebenen Antwort »Ja« liege ich sicher richtig. Wäre der Platz nämlich im wörtlichen Sinne nicht frei, säße dort also jemand, würde die Frage gar nicht gestellt. Streng genommen müsste sie somit lauten: »Ist dieser Platz freizuhalten?« Das ist entweder der Fall, wenn er reserviert ist (wird dem Sehenden in der Regel am Sitz angezeigt) oder neben mir eigentlich schon eine Person sitzt, die allerdings gerade auf Toilette ist oder so. Letzteres trifft heute nicht zu, also kann ich getrost nicken. Eine andere Sache, bei der ich Komplexe habe, ist, wenn mich eine bekannte Person begrüßt. Ich bin sehr geübt darin, Menschen an der Stimme zu erkennen, nur sind manche Stimmen schon recht ähnlich und wenn dann nur ein oder zwei Worte gesagt werden, kann das Erkennen durchaus schwierig sein. Gut, meistens gelingt es mir. Dennoch sage ich auf Grund übertriebener Unsicherheit meistens lediglich »Hallo« und nicht etwa »Hallo Hans«. Das mag mancher als unhöflich empfinden.

Mein neuer Sitznachbar sondert jetzt irgendeine Businesskacke über sein Handy ab. Ich frage mich immer, ob man automatisch so redet, wenn man so was studiert hat (auf meine Schwester trifft das jedenfalls nicht zu) oder ob solche Leute meinen, sie müssten so reden. Während einer anderen Zugfahrt hörte ich mal eine Frau sagen: »Wir sind im Moment ziemlich short gestafft. Das Hemd ist ziemlich kurz.« Also ich finde das so schon gruselig und wenn man jetzt noch weiß, dass die Frau einen breiten sächsischen Akzent hatte … Wieder auf einer anderen Reise teilte ich den Wagen mit jungen Menschen, die ganz offensichtlich auf dem Weg zum Münchner Oktoberfest waren und das wohl auch aus beruflichen Gründen. Eine Frau aus der Gruppe hörte ich sagen: »Heute Abend muss ich noch ein wenig Socializing betreiben.« Vor einigen Jahren hätte sie sicherlich noch ausgehen oder Party machen gesagt. Ich gehe nicht oft aus und wenn, bevorzuge ich ruhige Umgebungen wie Restaurants oder Biergärten. Kneipen gehen auch noch, aber da wird es für mich schon schwierig, meinen Gesprächspartner zu verstehen. Die meisten Sehenden sind sich dessen nicht bewusst, doch in lauter Umgebung unterstützen sie das Hören durch Lippenlesen. Das können Blinde nicht, weshalb sie trotz eines trainierteren Gehörs im Nachteil sind. Und es gibt noch ein weiteres Problem: Sie können nicht mal schnell einem vorbeihuschenden Kellner winken. Ich habe schon von Blinden gehört, die daher, wenn sie etwas nachbestellen oder zahlen wollen, einfach mit dem Handy das Restaurant anrufen, in dem sie gerade sitzen.

Wo mich keine zehn Pferde mehr reinkriegen, sind Discos bzw. Clubs, wie die jungen Leute von heute sagen. Da ist die Musik so laut, dass ich Personen, wenn sie mich nicht berühren oder mir nicht ins Ohr schreien, überhaupt nicht wahrnehme. Folge: Ich fühle mich inmitten von Menschen einsam und unsicher. Und in dieser Situation soll ich dann auch noch tanzen, also Bewegungen machen, von denen ich nicht weiß, wie bescheuert sie bei mir aussehen? Nein danke! Nein danke hätte ich auch einfach sagen sollen, als mich meine Studentenclique seinerzeit in eine Disco schleppen wollte. Stattdessen meinte ich verschmitzt lächelnd: »Ich komme mit, aber nur, wenn ihr auch blind seid.« Ich dachte, hiermit wäre das Thema Disco ein- und für allemal vom Tisch, aus den Mündern meiner Freunde kam überraschenderweise jedoch lediglich ein einhelliges »OK« und ich kam aus der Nummer nicht mehr raus. Ich musste mit ins Tor 3 in Düsseldorf. Dort setzten sich meine Freunde Schlafbrillen auf. Nur ein Mädel blieb sehend, um auf uns alle aufzupassen. Sage und schreibe eine Stunde hielten sie durch und meinten nachher, es sei gar nicht so schlimm gewesen. Trotzdem wurde ich nie wieder gefragt, ob ich mit in die Disco komme.

Apropos Disco: Dort wurde einer meiner Ausbildungskollegen mal von einem Mädel gefragt, ob er sich als Blinder eigentlich alleine an- und ausziehen könne. Schlagfertig antwortete er: »Ja. Soll ich es dir zeigen?« Sie fand das nicht lustig und hat ihn stehen lassen. Wer weiß? Hätte sie anders reagiert, wäre vielleicht noch was gelaufen zwischen den beiden. Warum auch nicht? Schließlich kennen wir Blinden uns aus mit dem Einsatz eines Stockes im Verkehr. – Nein, aber mal im Ernst: Es gibt Leute, die Behinderten generell die Sexualität absprechen. Andere fragen ernsthaft, wie ein blinder Mann denn bitte bei der Frau den Eingang findet. Das ist eine blöde Frage. Schließlich sieht der Sehende im entscheidenden Moment da unten doch selber nichts. Was das angeht, haben Blinde und Sehende also gleiche Voraussetzungen. Wo Blinde hingegen durchaus im Nachteil sind, ist die Kenntnis diverser Stellungen, weil sie sich keine einschlägigen Abbildungen oder Filme anschauen können, doch ist das wirklich ein Nachteil? Also ich muss nicht alles kennen, was es auf diesem Gebiet gibt, und zumindest die Missionarsstellung hat bei meinem ersten Mal auf Anhieb funktioniert, genauso wie die Nutzung des Kondoms. Die kann man auch einem Blinden zum Beispiel unter Zuhilfenahme einer Banane erklären und ob man den Gummi richtigherum abrollt, erkennt man am Widerstand.

Im Moment habe ich untenrum ein ganz anderes Problem: Meine Blase meldet sich. Der Comedian Hennes Bender unterscheidet diesbezüglich drei Phasen im Leben des Menschen. In Phase eins sagt man: »In 'ner halben Stunde muss ich mal aufs Klo.« In Phase zwei heißt es: »Ich muss jetzt aufs Klo.« In Phase drei schließlich formuliert man den Satz: »Wär ich vor 'ner halben Stunde doch mal aufs Klo gegangen.« Ich befinde mich definitiv noch in der ersten Phase. Das ist gut, denn ich muss gleich aussteigen und habe somit gar keine Zeit mehr, eine Toilette aufzusuchen. Ja, ich bin noch in Phase eins, aber kann nicht mehr so lange einhalten wie in meiner Jugend. Wenn ich mich recht entsinne, habe ich als Schüler nur ein einziges Mal ein Schulklo betreten. Um Jugendherbergsklos kam ich hingegen nicht herum, dauern Klassenfahrten doch mehrere Tage. Ich erinnere mich an einen Vorfall auf der Wewelsburg. Da hatte ich entschieden, vor dem Schlafengehen nicht mehr zu pinkeln. Mitten in der Nacht musste ich dann, wusste allerdings nicht, wo sich die Toiletten befanden. Ich hätte meine Mitschüler wecken können, was ich mich jedoch nicht traute. Stattdessen ging ich auf den Flur hinaus, wo ich so lange vor Schmerz stöhnte, bis ein Lehrer kam und mir half. Sehr peinlich! So etwas würde mir heute nicht mehr passieren. Wenn ich wirklich dringend muss, werde ich mich schon darum kümmern, wie ich zum nächsten Klo komme, aber ansonsten versuche ich nach wie vor, Toilettengänge in fremder Umgebung nach Möglichkeit zu vermeiden. Es ist mir unangenehm, jemanden, den ich gar nicht kenne, bitten zu müssen, mich direkt bis vor eine Kabine zu begleiten (in der Kabine komme ich Gott sei Dank alleine zurecht), zumal der dann bestenfalls auch noch warten sollte, bis ich wieder herauskomme.

Einmal hatte ich ein Toilettenerlebnis der besonderen Art. Nein, ich rede nicht von Sanifair, sondern von einem Klo an einer Münchner Körperbehindertenschule, wo ich ein Vorstellungsgespräch hatte. Danach bat ich darum, eine Toilette aufsuchen zu dürfen. Der Schuldirektor persönlich begleitete mich dorthin. Ich betrat eine geräumige behindertengerechte Kabine und wie von Geisterhand schloss sich eine Schiebetür vor mir. Ich erledigte, was zu erledigen war, dann wollte ich wieder heraus, konnte an der Tür aber beim besten Willen keinen Knauf oder Knopf oder sonst was finden, mit dem ich sie wieder hätte öffnen können. Klopfte ich? Rief ich? Ich weiß es nicht mehr. Jedenfalls hörte ich irgendwann die Stimme des Direktors: »Ich mach Ihnen auf!« Froh, wieder in Freiheit zu sein, fragte ich ihn nicht, ob ich selbst überhaupt eine Möglichkeit gehabt hätte, die Tür von innen zu öffnen.

Das war übrigens keine klassische Verwaltungsstelle, auf die ich mich da beworben hatte, sondern die Körperbehindertenschule beherbergte eine Institution, die für an bayrischen Regelschulen inkludierte blinde Schüler Bücher und andere Unterrichtsmaterialien in Blindenschrift umsetzte oder für die Nutzung am Computer barrierefrei machte. Laut Ausschreibung suchte man explizit einen blinden Menschen, doch um die Tätigkeit ausüben zu können, würde dieser dann zwingend eine vom Inklusionsamt finanzierte sehende Assistenzkraft benötigen, für die er dann auch noch selbst als Arbeitgeber fungieren müsste. Das fand ich irgendwie absurd. Ich meine nicht die Tatsache, dass ich für die Assistenzkraft hätte Arbeitgeber spielen müssen. Das ist allgemein üblich. Nein, mich trieb die Frage um, wieso man unbedingt einen Behinderten auf eine Stelle setzen wollte, die er ohne fremde Hilfe gar nicht ausfüllen konnte.

Einmal Zürich und zurück

Ich habe das alles schon einmal aufgeschrieben, und zwar nur in zwei langen Sätzen. Im ersten schilderte ich die Hinfahrt nach und meinen Aufenthalt in Zürich, im zweiten die Rückfahrt und die Nachwirkungen. Das war einem Missverständnis geschuldet. Ich wollte den Text bei einem Wettbewerb einreichen und dachte, er müsse so kurz sein. Dabei hätte ich zehnmal so viele Wörter schreiben dürfen, aber auch das hätte mich noch begrenzt. Heute gibt es keine Begrenzung und ich möchte versuchen, das Ganze so ausführlich wie möglich zu erzählen, obwohl ich gar nicht gut in Ausführlich bin. Unser Französischlehrer sagte schon immer zu all meinen Mitschülern: »Bitte schreibt weniger«. Dann fügte er zu mir gewandt hinzu: »Du schreib bitte mehr.«

Genau wie in meinem Kurztext, will ich mit der Hinfahrt beginnen. Es war noch keine sieben Uhr morgens, doch ich saß schon im Zug. Schließlich hatte ich eine weite Reise vor mir. Ich kannte den RE 1, weil ich mit ihm jahrelang regelmäßig zum Studieren nach Dortmund gefahren war, allerdings zu humaneren Zeiten. Diesmal fuhr ich nur eine halbe Stunde bis Köln, einer absoluten Karnevalshochburg, wie jeder weiß. Ich betone das so, denn heute war Rosenmontag und ich erinnerte mich an eine Geschichte, die ich mal aufgeschnappt hatte: »Wir wollten in Köln aussteigen, sind aber erst in Bonn rausgekommen. So voll war das.« Daher freute es mich, sehr früh dran zu sein. Um diese Zeit erwartete ich nämlich noch keinen Ausnahmezustand und richtig: Als ich am Kölner Hauptbahnhof ausstieg, fiel mir nichts Besonderes auf. Lediglich auf die bestellte Umsteigehilfe musste ich ein / zwei Minuten warten, was jedoch nichts machte. Ich erreichte meinen Anschluss-ICE und bald saß ich auf dem reservierten Platz.

Auch auf dieser Strecke war ich schon gefahren, und zwar bis Karlsruhe. Im Sommer 2005 hatte ich mich für den Aufbaustudiengang Diplom-Rundfunkmusikjournalismus an der dortigen Musikhochschule beworben und war zur Aufnahmeprüfung eingeladen worden. In der Folge telefonierte ich viel, um zu erreichen, dass ich den schriftlichen Prüfungsteil auf meinem Notebook schreiben durfte und man mir wegen meiner Blindheit eine Zeitverlängerung gewährte. Dann kam der große Tag. Vom Karlsruher Hauptbahnhof nahm ich ein Taxi zur Hochschule, wo mich jemand erst einmal in eine Cafeteria führte, in der ich warten musste. Kleines unwichtiges Detail am Rande: Obwohl wir uns in Baden-Württemberg befanden, lief dort im Radio SWR 1 Rheinland-Pfalz. Nach einer Weile wurde ich in einen Raum mit anderen Prüflingen gebracht, wo ich wieder warten musste. Ganz in meiner Nähe summte eine junge Frau vor sich hin. Schließlich sprach sie mich an und wir unterhielten uns nett, bis es mit dem schriftlichen Prüfungsteil losging. Sie hieß Selim und war eine halbtürkische Cellistin aus Eutin in Schleswig-Holstein.

Wenn ich mich recht entsinne, bestand die schriftliche Prüfung aus vier Aufgaben, die mir als Datei auf Diskette zur Verfügung gestellt wurden:

1. Man sollte sich einen Lieblingssänger, eine Lieblingsband oder ähnliches suchen und erläutern, was einem daran so gut gefiel. Ich denke, mein Text über Reinhard Mey ist ganz gut gelungen. Ausgehend von der Parodie eines Kabarettisten (»Mein alter Kühlschrank kühlt nicht mehr«), legte ich dar, dass Mey für mich so sympathisch ist, weil er nicht singt, was die Leute hören wollen, sondern über das, was ihn bewegt, ganz egal, wie unbedeutend es auch sein mag.

2. Es wurde ein Kommentar zu der Frage verlangt, ob die Trennung zwischen E- und U-Musik sinnvoll ist oder nicht. Ich habe mich da ziemlich verzettelt.

3. Es gab eine Liste von Musiktiteln (wahlweise Pop oder Klassik), die man in eine geeignete Reihenfolge für eine Radiosendung bringen musste. Mein Problem hierbei: Ich kenne viele Musikstücke vom Hören, aber von den wenigsten den Titel.

4. Schließlich standen noch zwei Texte zur Auswahl (wieder Pop oder Klassik), von denen einer in der mündlichen Prüfung vorzulesen sein würde. Ich entschied mich für einen Stilblütengarten über ein neues Album der Ostband Puhdys, der ungefähr so begann: »Wenn man einen Platten hat, geht man zur Tankstelle. Wenn man eine Platte will, geht man in einen Plattenladen.«

In der mündlichen Prüfung sollte ich zunächst wiederholen, was mir an Reinhard Mey so gut gefiel. Dann wurden mir einige Fragen gestellt. So wollte man beispielsweise wissen, wer aktuell die Berliner Philharmoniker dirigierte (wusste ich nicht) oder was die Abkürzung ARD bedeutet (glaubte ich zu wissen, ich lag jedoch falsch). Danach beschäftigten wir uns mit meiner Songliste, die ich ja nicht wirklich verteidigen konnte, weil ich die meisten Lieder nur gekannt hätte, wenn ich sie auch hätte hören können. Ich merkte an, dass mir vielleicht dennoch eine sinnvolle Auswahl gelungen wäre, wenn ich Kenntnis über die Themen der fiktiven Radiosendung gehabt hätte. Die Prüfer meinten allerdings, es sei gar nicht unbedingt sinnvoll, Musiktitel nach Sendungsthemen auszusuchen. Abschließend stammelte ich mich noch durch den Puhdys-Text. Lange Rede, kurzer Sinn: Ich bestand die Aufnahmeprüfung nicht und das geht auch völlig in Ordnung.

Heute, zweieinhalb Jahre später, würde ich nicht in Karlsruhe aussteigen, sondern weiterfahren bis zur Endstation Basel, umsteigen in einen Zug nach Zürich und, dort angekommen, noch mal umsteigen in eine Tram, mit der ich bis Binz fahren musste. In diesem Zürcher Stadtteil befand sich die Schweizerische Bibliothek für Blinde und Sehbehinderte (SBS). Bei Bibliotheken wie dieser können Blinde und Sehbehinderte kostenlos Braille-, Großdruck- oder Hörbücher ausleihen, die ihnen dann nach Hause geschickt werden bzw. zum Download bereitstehen. Und weil die Bibliotheken nicht nur Bücher verleihen, sondern auch selbst produzieren und verkaufen, nennen sie sich auch Verlag. Die SBS suchte nun für die Blindenschriftbuchproduktion einen Korrekturleser, auch Lektor oder Korrektor genannt. Auf diese Stelle hatte ich mich begeistert beworben. Ein blinder

Korrektor überprüft ein in Blindenschrift umgesetztes Buch auf Fehler. Hierzu arbeitet er im Team mit einer sehenden Person, die das zu Grunde liegende Schwarzschriftbuch vor sich hat. Aber warum Zürich? Blindenschriftverlage gibt es schließlich auch in Deutschland. War ich etwa so ein großer Schweizfan? Naja, für mich als Sprach- und Dialektfreak ist dieses Land schon sehr interessant. Es hat vier Amtssprachen und die Leute aus dem deutschsprachigen Teil bezeichnen Hochdeutsch als Schriftdeutsch, da sie mündlich untereinander nur auf Schweizerdeutsch kommunizieren. Das ist keine eigene Sprache, sondern jeder spricht halt seinen regionalen Dialekt. Für den Fall, dass ich die Stelle bekommen würde, hatte ich mir fest vorgenommen, irgendwann selbst Schweizerdeutsch zu sprechen, wobei fraglich ist, wie die Schweizer das aufgenommen hätten. Nein, meine Begeisterung für die sprachlichen Eigenheiten war jetzt nicht so groß, dass ich unbedingt in Zürich hätte arbeiten wollen. Dafür gab es einen anderen Grund: Bei der SBS handelte es sich um den ersten Blindenschriftverlag, von dem ich hörte, dass man dort einen Korrektor nicht in Teil-, sondern Vollzeit suchte.

Ich war in Basel noch gar nicht richtig ausgestiegen, da sprach mich schon mein Umsteigehelfer an. Er kam nicht aus der Schweiz, wie ich gleich am Akzent erkannte, und weil er die hiesige Sprache wohl »auf der Straße« gelernt hatte, sprach dieser Ausländer Schweizerdeutsch mit mir. Wir verstanden uns trotzdem. Ich fragte ihn, ob ich vor der Weiterfahrt eine Toilette aufsuchen könne, denn ich musste ziemlich dringend. Er sagte irgendwas von Zueg und führte mich einfach zu einem Klo meines Anschlusszuges. Darin stank es schlimmer als im dreckigsten Schweinestall. Wie es dort aussah, entging mir Gott sei Dank. Als ich fertig war, brachte mich der Umsteigehelfer zu meinem reservierten Platz und verabschiedete sich. Nach einer Weile kam eine automatische Durchsage auf Deutsch und Französisch (warum nicht auf allen vier Amtssprachen?), in der mitgeteilt wurde, dass dieser Zug bald nach Zürich fahren würde, was stimmte. Dieser Zug fuhr nach Zürich. Fahrzeit etwa eine Stunde, kein Zwischenhalt. Irgendwann während der Fahrt hörte ich dann jemanden mir gegenüber etwas auf Schweizerdeutsch sagen und als er es auf Schriftdeutsch wiederholte, merkte ich, dass er mich meinte. Er war ein älterer Herr und wir kamen ins Gespräch. Ich erzählte ihm, woher ich kam und was ich in Zürich vorhatte. Er war gerade dabei, einen Brief an eine alte Freundin zu schreiben; handschriftlich natürlich mit einem Füllfederhalter, denn nur handschriftliche Briefe seien wirklich persönlich.

In Zürich bekam ich wieder prompte Umsteigehilfe von einem Schweizerdeutsch sprechenden Ausländer. Er brachte mich zur Tram, mit der ich die, ich glaube, drei Stationen bis Binz fuhr. Dort wurde ich, wie vereinbart, von der mir telefonisch schon bekannten Frau von der Personalabteilung in Empfang genommen. Es war mittlerweile Mittagszeit und so gingen wir erst einmal in der Kantine etwas essen. Wir waren drei Leute. Außer der Personalerin und meiner Wenigkeit kam nämlich noch die blinde Leiterin der SBS mit, welche wie ich aus Deutschland stammte, genauer gesagt, aus Brandenburg. Zur Erinnerung: Wir befanden uns gerade in der Schweiz und nicht etwa in Berlin oder im Ruhrgebiet. Dennoch gab es Currywurst, allerdings nicht mit Fritten, sondern mit Bohnen und Kartoffeln. Nach dem Essen entschieden wir, noch einen Kaffee zu trinken. Ich wollte meinen mit Zucker und so lag ein schmales Tütchen dabei. Sollte ich die Personalerin bitten, den Zucker in meine Tasse zu geben, und mich so als unselbstständig qualifizieren? Nein, natürlich machte ich es selbst. Folge: Die Hälfte des Zuckers landete auf dem Tisch. Gut, dass die Blinde es nicht sehen konnte, aber was dachte die Personalerin? Sagen tat sie wenigstens nichts dazu.

Fürs Vorstellungsgespräch gingen wir drei in ein Büro, aber wir hätten es im Grunde auch gleich in der Kantine führen können, denn es kam keiner mehr hinzu. Es lief ganz gut, und zwar nicht nur, weil es nun statt Kaffee Wasser gab, das ich nicht zuckern musste. Wir unterhielten uns über meinen Werdegang sowie meine Blindenschriftkenntnisse. Unter anderem reichte man mir ein Buch und ich konnte problemlos erkennen, dass es sich um »Harry Potter and the Half-Blood Prince« in englischer Kurzschrift handelte, obwohl ich die gar nicht besonders gut beherrschte. Nach dem Gespräch zog ich meine Jacke an, die über dem Stuhl gehangen hatte und mit der ich jetzt das leere Wasserglas vom Tisch fegte, welches augenblicklich zerbrach. Mir blieb heute auch nichts erspart! Hatte ich überhaupt noch eine Chance, genommen zu werden?

Da noch Zeit war, bis ich zurückfahren musste, brachte man mich nach dem Vorstellungsgespräch zu einem Korrekturleserpaar für Blindennotenschrift, was mich sehr freute, ist diese Schrift doch eine große Leidenschaft von mir. Er war ein blinder ausgebildeter Sänger und sie eine sehende

Italienerin, die ebenfalls Musik studiert hatte. Man zeigte mir ein Büchlein mit irgendeinem Werk von Bach, das wohl gerade auf Veranlassung des Sängers in Braille übertragen worden war. Dann sang er etwas daraus und die Italienerin begleitete ihn am Klavier.

Später brachte mich die Personalerin zur Tram. Ich geriet in die nachmittägliche Rush Hour und so war die Bahn sehr voll, weswegen ich mir gar nicht erst die Mühe machte, einen Sitzplatz zu suchen. Es erklang schon der Piepton, der das Schließen der Tür ankündigte, als noch eine Frau hindurchschlüpfte: »Ich will au no ine!« Am Hauptbahnhof erwartete mich ein weiterer Schweizerdeutsch sprechender Ausländer und brachte mich zum Zug, der wieder ohne Zwischenhalt von Zürich nach Basel fuhr. Dort half mir ein … – Nein, diesmal war es ein Schweizer und er sprach Schriftdeutsch mit mir. Ich sagte ihm, wie außerordentlich zufrieden ich mit der schweizerischen Umsteigehilfe war und dass ich das von der deutschen nicht immer behaupten konnte. Er freute sich sichtlich darüber. Zumindest verabschiedete er sich amüsiert von mir mit den Worten: »Dann übergebe ich Sie jetzt wieder an meine deutschen Kollegen.«

Als der Zug auf der Rückfahrt wieder in Karlsruhe hielt, fiel mir A. ein. – Nein, stimmt gar nicht. Während ich das hier schreibe, fällt er mir ein, denn er sprach so wie die Leute aus Karlsruhe, Baden-Baden und Umgebung. Ich kann das ganz gut imitieren, aber schlecht beschreiben. Es ist halt ein ganz spezieller Singsang. Der Kontakt zu A. war über eine Bekannte vermittelt worden. Er forschte in Berlin zum blinden Musiker und Komponisten Moondog. Von dem lag noch Notenmaterial bei einer Frau in Münster herum, das noch niemand für Sehende zugänglich gemacht hatte. Hier kam ich ins Spiel. Ich beherrschte die Blindennotenschrift und besaß ein Computerprogramm, mit dessen Hilfe man diese in Schwarzschrift umwandeln konnte. Blöd nur, dass es A. bisher noch nicht gelungen war, den Schatz zu heben. Dann fand eine Moondog-Veranstaltung an der Privatuni Witten statt, der ich auch beiwohnen sollte. A. hatte mir versprochen, mich im nahen Dortmund abzuholen, was er auch tat, und zwar mit einem Auto, das er spontan von einem ebenfalls teilnehmenden Professor geliehen hatte. Kaum angekommen, sollte ich gleich irgendeinen Vertrag oder so unterschreiben, was ich verweigerte. Ich lasse mich nicht gerne überrumpeln, zumal projektfördernd behauptet wurde, ich sei die einzige Person in ganz Deutschland, die die Blindennotenschrift beherrsche. So ein Quatsch! Die Hüterin des Schatzes war auch auf der Veranstaltung, doch anstatt diese einfach anzusprechen, ging A. zu ihrem Mann und fragte diesen, wie groß er die Chance einschätze, an den Schatz zu gelangen. Der angesprochene reagierte westfälisch knapp: »Da müssen Se meine Frau fragen.« Das tat A. nicht. Stattdessen kam er zu mir: »Des wird noch schwierig. Des wird noch schwierig. Am Beschte, i schreib ihr emal e handschriftliche Brief. Des macht immer e gude Eindruck.« Ich glaube, schon in diesem Moment war mir klar, dass ich nicht bei diesem Projekt mitmachen wollte, aber mailen tat ich ihm das erst später zu Hause. Wenn er es bis dato nicht geschafft hatte, die Noten zu bekommen (es war nicht der erste Versuch!), würde er es nie schaffen. Das war allerdings gerade nicht sein einziges Problem: Er erzählte mir, dass er für heute Nacht noch keinen Schlaf-platz habe, und hoffte wohl, ich würde sagen: »Du kannst bei mir schlafen.« Diese Hoffnung wurde enttäuscht. Des-halb schickte er eine SMS an einen Freund, der ebenfalls in der Nähe wohnte, doch der schrieb zurück, es passe ihm heute nicht. Dies berichtete A. am Telefon seiner Freundin und schloss in unverändertem badenser Singsang mit den Worten: »Arschloch irgendwie.«

Die Umsteigehilfe in Köln klappte soweit gut. Ich war ge-spannt gewesen, ob ich am späten Abend gegen zehn Uhr noch etwas vom Karneval mitkriegen würde, und in der Tat fragte uns ein Mann, ob wir mal kurz auf eine Kiste Bier aufpassen könnten. Wir bejahten. Zwei Minuten später kam er zurück, um sie wieder an sich zu nehmen. Mein Helfer setzte mich dann in den RE nach Düren, wo ich eine halbe Stunde später ankam und von meinem Vater in Empfang genommen wurde.

Und? Habe ich die Stelle in Zürich gekriegt? Nun, zumindest wurde ich zu einem zweiten Vorstellungsgespräch eingela-den. Ich war also in die engere Wahl gekommen und rech-nete mir durchaus gute Chancen aus, am Ende genommen zu werden. Trotzdem fuhr ich nicht mehr hin, sondern sagte aus finanziellen Gründen ab. Man hört immer wieder von Deutschen, es lohne sich, in der Schweiz zu arbeiten, weil man dort gut verdienen könne. Dabei wird gerne verges-sen, dass in der Schweiz nicht nur die Gehälter höher sind, sondern auch die Lebenshaltungskosten, und ich hatte mir in den Kopf gesetzt, unter Berücksichtigung dessen min-destens so viel verdienen zu wollen wie in Deutschland als

Verwaltungsfachangestellter. Das konnte ich als Korrektor bei der SBS nicht erreichen. In der Tat verdiene ich in meinem jetzigen Job mehr. Insofern war die Entscheidung, abzusagen, richtig, aber vielleicht wäre ich als Korrektor in Zürich heute glücklicher.

Als wir schließlich den Zielbahnhof erreichen, haben wir eine Verspätung von 46 Minuten. Kaum dass ich ausgestiegen bin, werde ich von einem freundlichen Herrn angesprochen: »Kann ich Ihnen helfen?«

»Nein danke, es kommt gleich jemand von der Bahn.« Der freundliche Herr geht, doch der Jemand von der Bahn kommt nicht. Warum? Vielleicht ist das aus organisatorischen Gründen wegen der Verspätung einfach nicht möglich. Ich hätte durchaus Verständnis dafür. Daran, dass er mich nicht findet, kann es eigentlich nicht liegen. Ich saß im reservierten Wagen und der ist auch auf dem schriftlichen Auftrag für den Helfer angegeben. Apropos nicht finden: Im ersten Semester meines Lehramtsstudiums musste ich ein Praktikum an der Hauptschule in Dortmund-Scharnhorst absolvieren und eine Kommilitonin hatte sich bereiterklärt, mich jeden Tag am Hauptbahnhof abzuholen. Von dort fuhren wir dann mit dem Auto zur Schule. Eines Tages nun kam ich zum Bahnhof, stellte mich an den vereinbarten Treffpunkt und wartete, aber Jessica kam nicht. Dummerweise besaß ich damals noch kein Handy. Andernfalls hätte sich die Sache schnell aufgeklärt. So allerdings wartete ich erst mal weiter, ehe ich eine fremde Frau fragte, ob ich ihr Handy benutzen dürfe. Jessicas Nummer hatte ich immerhin, erreichte sie auch und es stellte sich Folgendes heraus: Sie war, genau wie ich, an unserem Treffpunkt gewesen, hatte mich dort nicht gefunden, war daher zur Uni gefahren und hatte vergeblich an meiner Wohnheimtür geklingelt. Schließlich hatte sie noch einige Leute angesprochen, doch niemand hatte etwas gewusst. Nach meinem Anruf fanden wir uns dann schnell. Blieb die Frage, warum sie mich zuerst nicht gesehen hatte. Ganz einfach: Ich hatte wohl hinter einer Säule gestanden.

Die Umsteigehilfe ist immer noch nicht da. Stehe ich gerade vielleicht wieder an einer Stelle, wo ich nicht gesehen werden kann? Verdammt! Hätte ich doch eben das Hilfsangebot des freundlichen Herrn angenommen! Wenigstens habe ich heute Zeit. Vor ein paar Jahren musste ich mal einen Anschlusszug kriegen und das war alles ziemlich knapp damals. Deshalb fackelte ich nicht lange, als die Umsteigehilfe nicht kam, sondern wandte mich an eine Familie. Ich müsse zu Gleis soundso. Ob man mir helfen könne.

»Ja, gar kein Problem«, war die Antwort, und die Familienmutter führte mich die Treppe hinunter in die Bahnhofshalle. Dann sagte sie aber: »Jetzt haben wir keine Zeit mehr, weil wir einen Zug kriegen müssen. Sie müssen sich andere Hilfe suchen.« Ich weiß nicht, ob die Familie ihren Zug erreicht hat. Meinen verpasste ich jetzt auf jeden Fall.

»Entschuldigung, wir sind von der Bahnhofsmission. Brauchen Sie Hilfe?«

»Sie schickt der Himmel!« Es stellt sich heraus, dass die beiden Frauen nicht meinetwegen am Gleis sind. Dennoch haben sie die Zeit, mir zu helfen. Fünf Minuten später sitze ich im Taxi und nenne dem Fahrer das gewünschte Ziel. Ich weiß gar nicht, wie weit das ist. Einmal auf Klassenfahrt wollte ich mit einem Mitschüler eines der typischen Londoner Taxis nehmen, doch der Fahrer meinte, unsere Bestimmung sei so nah, dass wir zu Fuß hingehen könnten. Als wir darauf hinwiesen, den Weg nicht zu kennen, fuhr er uns doch, allerdings nicht, ohne zuvor etwas an der Uhr zu verstellen, damit sich die Fahrt für ihn lohnte. So etwas wäre in Deutschland nicht erlaubt. Hier sind die Taxameter geeicht.

Schon Wahnsinn, wie leise die heutigen Autos sind; nicht nur die Elektroautos; die sowieso, was sie für Blinde so gefährlich macht, da sie von ihnen leicht überhört werden können. Deswegen gibt es eine Vorschrift, wonach neu produzierte E-Autos ein zusätzliches Geräusch machen müssen. Aber auch PKW mit Verbrennungsmotor sind mittlerweile verdammt leise und an der Ampel gehen sie aus. Das ist gut für die Umwelt, jedoch schlecht für die Ortung durch einen Blinden.

Im Radio läuft gerade »Drop dead beautiful« von Six was Nine: »Oh, I don't wanna take my best friend's baby, but she's drop dead beautiful.« Da ist also ein Typ, der will eigentlich nichts mit der Flamme seines besten Freundes anfangen, nur blöderweise ist die umwerfend schön. Soweit klar. Dann kommt allerdings irgendwann die Zeile: »I wish, I was blind, then he wouldn't blame me.« Das verstehe ich nicht. Wieso könnte ein Blinder nicht beschuldigt werden? Weil er nicht sieht, wie schön sie ist, oder weil er nicht weiß, dass es sich bei dem Mädchen, das er gerade im Arm hält, um die Freundin seines besten Kumpels handelt? Ich habe keine Zeit, weiter über den Songtext nachzudenken, denn wir sind da. Ich zahle und der Fahrer bringt mich noch zur Tür.